縄文探検隊の
記録

夢枕 獏
Yumemakura Baku

岡村道雄
Okamura Michio

かくまつとむ 構成
Kakuma Tsutomu

インターナショナル新書 032

目次

一万五〇〇〇年前

草創期

本州各地で無文土器が作られた

氷河期が終わって温暖化した。日本海側に暖流が流れ込み多雪、湿度の高い六季（四季＋梅雨、秋雨）のある現代の気候環境に近づく

土屋根の竪穴建物に住みクリの木材や実の利用、土器や弓矢、石皿・すり石が一般化する

滋賀県と三重県で最古の土偶

一万一五〇〇年前

早期

道南の垣ノ島B遺跡で最古の漆製品、赤漆塗り装束のシャーマンがいた

南九州で定住集落、壺、耳飾り、土偶を持つ「南の縄文文化」が栄える

東日本の各地に定住集落、海辺、湖岸には貝塚集落が出現、釣りバリ、ヤスの使用

市川市雷下遺跡から最古（約七五〇〇年前）の丸木舟

七三〇〇年前に鹿児島・鬼界カルデラが大噴火（アカホヤ火山灰）

ヒョウタン、エゴマ、アサ、豆類などの栽培開始

末期から前期初頭にイヌを飼育（愛媛県上黒岩岩陰遺跡）

海水面が三～五メートルほど上昇した最温暖期、関東平野の奥まで貝塚が分布

縄文時代年表（年代は暦年で表示）

七〇〇〇年前〜	前期	富山県小泉遺跡でクリの根株群（クリ林） 約六五〇〇年前に十和田火山が大噴火（中掫〔ちゅうせり〕火山灰） 中日本で環状集落（墓地・広場を家が囲み、外周に貝塚・捨て場）が発達 前期半ばから中期半ば過ぎまで北東北・南北海道に円筒土器文化が栄える
五五〇〇年前〜	中期	後半の東日本で集落が大規模化（人口のピーク）、装飾的な土器や土偶・石棒が発達 翡翠・琥珀が流通し、中日本で墓に副葬。東北日本でアスファルトの精製と流通 東海・関東で干し貝作り盛んに 末葉から東日本で木組み・石敷きの水場施設の整備
四四〇〇年前〜	後期	東北日本では大規模集落が崩壊、西日本では定住集落の再登場 壺、浅鉢、注口土器など土器の種類が多様化し、繊細な文様になる 気候の寒冷化、三陸に大津波 石狩低地で周堤墓、北東北で環状列石、仙台・中日本で配石遺構・組石墓が発達 漆文化、漁具、祭祀具が発達し、晩期まで続く 後期末に関東沿岸で塩作りが始まり、以後東北太平洋沿岸・東海に広がる
三二〇〇年前〜	晩期	東北を中心に多彩な漆製品や土器、遮光器土偶で有名な亀ヶ岡文化が栄える 後半から寒冷化
二三〇〇年前〜		北部九州で水田稲作が始まる

出典／『縄文の列島文化』（岡村道雄著・山川出版社）※一部加筆

まえがき　現代に息づく縄文

私は現在、宮城県の東松島市にある宮戸《みやと》島で奥松島縄文村歴史資料館の名誉館長をしている。東日本大震災翌年の二〇一二年六月、被災後初のイベントとなった「縄文の漁《すなど》り」（鹿角《しかづの》で自作した釣りバリで魚を釣る体験）に、旧知の考古植物学者である鈴木三男さんが、釣り仲間の夢枕獏さんと、そのまた釣り友達でライターのかくまつとむさんを誘って来てくれたのがこの対談本ができるきっかけだった。その晩は、酒の勢いも手伝い、釣りのことやら縄文の話題で大いに盛り上がった。私は獏さんより三つ年上なので、以来おこがましいが縄文の師匠としてお付き合いいただいている。

この対談旅では二度、獏さんの隠れ家に泊めてもらった。どちらのときも、山菜や川魚、イノシシの肉など周辺で調達した具材を黒曜石で刻み、囲炉裏《いろり》にある縄文風の土鍋で夕食を作った。獏さんは陶芸も趣味で、土間に置いた窯《かま》でその縄文風の土鍋も作っていた。長年連載を一〇本くらい続けているといい、囲炉裏脇の大きな座卓で万年筆を走らせていたのが印象的だった。翌朝目を覚ますと、獏さんはすでに起きて台所に立っていた。ご飯と味噌汁、そしてシラス入り大根おろしなどを作って朝飯を用意してくれていたのだ。

朝飯後、獏さんはまた机に向かい原稿を書き始めた。ところがふと気がつくと、今度は隠れ家の崖下を流れる渓流で釣り糸を垂れている。とにかく集中と転換が巧みだ。生きることを楽しんでいる人であることがよくわかった。じつは私が長年研究の対象にしてきた縄文人たちも、毎日をポジティブに暮らす「生き方の達人」であった。

対談の中では、獏さんが思い描く縄文小説の構想をたびたび聞いた。縄文の「渡り」（行商人）がむらを巡り歩き、行く先々で地域固有の神に出会ってドラマを生む、というストーリーらしい。そこで私は、主人公が各地の縄文集落を訪ねたときに出会うであろう、近年明らかになってきた集落の実像や里山の景観、人々の生活、縄文時代にも生産や流通があったという研究成果を説明した。少し前の富山の薬売りのように、集落を渡り歩いて黒曜石、翡翠《ひすい》や琥珀《こはく》、各地の情報などを広める役割を担った人たちがいたというのは、考古学的にも説明ができる。そうしたリアルな設定で書かれる小説は、考古学者としても非常に興味深いものがある。

このような渡りは、川筋や谷あいの道を通り、峠を越えて各地の集落を訪ね歩いた。対談の中では、携えられたものはリレーではなく、とくに翡翠のような希少価値を秘めたものは一人の男が運んだのではないかと推測した。翡翠の回の鼎談《ていだん》（第三章）では、実際に糸魚川《いといがわ》市の海岸で翡翠探しを試み、市教育委員会の木島勉さんから長者ケ原遺跡での翡翠加工などの話を聞いた。翌日は翡翠鉱脈がある姫川《ひめかわ》沿いに「塩の道」（松本街道）を遡って白馬村、大町《おおまち》市へ向かい、縄文の道が街道や国道として現代も生き続けていることを肌で感じ取った。

縄文の渡りたちが立ち寄ったであろう、当時の集落景観のイメージはこうだ。広場を中心に土屋根の竪穴住居が数棟、小さな築山《つきやま》が並ぶように集まり、掘っ立て柱の建物も数棟ある。周りにはクリ林があり、ウルシの木も植えられている。人々は来訪者の到来を集落の入り口まで出向いて待っていた。集落のイメージをリアルにつかんでもらうために、土屋根竪穴住居と掘っ立て柱の建物などが復元されている福島市宮畑遺跡でも対談を行った（第二章）。

里山景観の主体となったクリとウルシについては、専門家である鈴木三男さんを交えて語り合った（第五・六章）。クリといえば今も栽培されている秋の味覚だが、そのルーツは縄文にあり、当時の暮らしそのものがクリという植物を軸に回っていたことをご理解いただければ幸いである。世界に先駆けて漆文化を発展させたのも縄文人である。ちなみに鈴木さんを交えたこの鼎談の際は、松島湾の伝統的なハゼの漁法、釣りバリを使わない「数珠子《じゆずこ》釣り」をみんなで試みたが、これもまた縄文的なかおりがする素朴で楽しい釣りであった。

本対談の極めつきは、獏さんの得意な神、神話など精神世界の話題である。考古学では祈願や祭祀などの精神文化、あるいは心の問題は、祭祀場や祭祀建物、祭祀具と思われるわずかな手がかりから想像をたくましく解釈するしかない。獏さんからは神社の御神体や「記・紀」の神代《かみよ》の話、日本仏教の底流にある「草木国土悉皆成仏《そうもくこくどしつかいじようぶつ》」が、縄文以来の八百《やお》万神《よろずのかみ》、『古事記』に出てくる「さばえなす」（うるさい、荒ぶるにかかる枕詞）神々につながる可能性があることを教えられた。

私自身が獏さんとの会話から閃《ひらめ》いた仮説がある。糸魚川の翡翠原産地を含む越《こし》の国は、倭国《わこく》の北辺として存在したのではないか。その中心の上越市には、弥生中期から古墳時代前期にいたる環濠《かんごう》集落跡と前方後円墳がある。これらが神話に残る奴奈川姫《ぬなかわひめ》のいた国の中心だったかもしれない。私たちが諏訪《すわ》を訪れた際、越の奴奈川姫と大国主命《おおくにぬしのみこと》の子である建御名方神《たけみなかたのかみ》は、在地の国津神《くにつかみ》の系統・守矢氏と共栄していたとする神話に出会った（第四章）。在地の神が継承してきた御柱祭《おんばしらまつり》や御頭祭《おんとうさい》は、縄文的祭祀だろうと解説する獏さんの説が、史実を反映している気がしてきた。さらに諏訪では尖石《とがりいし》縄文考古館館長の守矢昌文さんから、国宝土偶や現代に伝わる巨石信仰は縄文の信仰・祭祀の継承なしには語れないと説明していただいた。

今回の一連の対談は、縄文時代の関東甲信越（中日本）の文化圏を中心とした話題になった。縄文時代の文化の発達は、とくに北東北・道南に広がっていた津軽海峡圏にも見られる。集落設営、造営、「海幸・山幸」の神話に象徴される自然資源の高度な管理などについても解明が進んでいる。山形県遊佐町《ゆざまち》の小山崎《こやまざき》低湿地遺跡では、秋に大量に遡上するサケを計画的に捕り、アサ、ヒエなどの植物を栽培していた。カボチャも栽培していたらしいが、園芸史に定着している一六世紀渡来説とは大きく異なる事実であるため、今後も議論を呼びそうだ。津軽海峡圏には、発達した石造祭祀の場「環状列石《かんじょうれっせき》」が分布し、青森県五所川原市五月女萢《そとめやち》遺跡では、縄文時代終末の亀ヶ岡文化期の、柵に囲まれた特徴的な葬送（墓地）とともの送りの場が、良好な状態で集落から独立して発見されている。

獏さん、そして皆さんを案内したい縄文の世界はまだまだたくさんある。

岡村道雄

第一章

日本人の食の源流

灯籠状の置き物になっていた縄文時代の石皿とすり石。
夢枕獏氏(右)と岡村道雄氏。岐阜県飛驒市にて。

石皿とすり石の謎

夢枕　僕の頭の中には、小説にしたい題材がたくさんあって、あるとき気づいて愕然《がくぜん》としたのですが、あまりにもアイデアが多すぎて、自分が生きているうちには到底書き終えることができない。残された時間を考えると、これからは優先順位をつけて選んでいくしかない。そんな数あるテーマの中でも、絶対に書かなければならないテーマが、じつは縄文なんですよ。ひとくちに縄文といってもいろいろな切り込み方ができると思いますが、僕は縄文時代を舞台にした神の話を小説にしたいのです。

その取材の先達として勝手に白羽の矢を立てたのが、以前、対談で縄文のお話を伺った考古学者の岡村道雄さんです。お会いして以来、僕は縄文の世界というものにますます関心が深まり、たとえば、地方の神社で特別に見せていただいたほんとうの御神体と伝わるものが、丸い石だったりすると、それは縄文時代のものではないかと想像してしまうようになりました。

今日これからご一緒していただくのは、僕が気になって仕方がない、飛驒高山の骨董店です。あるとき僕が通りかかると、店頭にとても印象的な石が置いてあったんです。このように人がちょっと目を止めるような石の類も、由来をたどれば縄文時代へ行き着くのではないのか。そうしたあたりを糸口に、縄文人の暮らしや世界観……それはもう世界観を超えて宇宙観なのかもしれませんが、僕たちがまだ知らない縄文について、一緒に想像を膨らませることができたらと思っています。

岡村　こちらこそ楽しみです。縄文人にとって、神は今の私たちが思う神よりもうんと大きな、そして身近な存在だったと思うのですよ。人々と神々のそうした関係を、フィクションという形であっても具体的に描き示していただくと、学問から欠落していた新たな視点が浮かび上がるかもしれません。そういう場で取引されているものは、多くの人の手を経ていて由来のわからないものが多く、学問的な価値はほとんどないからです。

夢枕　そこをなんとか折り合いをつけていただければと。我われレベルの好奇心にお付き合いいただきたいというのが、この対談の趣旨でもあります。おっと、前口上の間にもう着きました。ここが僕の気になっている骨董店です。石は……おっ、まだありますねえ。もう四〜五年前になりますが、たまたま前を通りかかったら、そこそこ大きくて特徴的な形の石がある。以前、長野県の尖石《とがりいし》遺跡で見た石皿とすり石のようなものでした。これもひょっとしたら縄文時代のものじゃないか。他に全国的にあるものなのか。実際はどのように使われたのか……。そういうことも知りたいけれど、そもそも今なぜこの店頭にあるのだろう。それらをたどると、ずっと書きたいと思っていた縄文の神を題材にした小説の流れが、くっきり浮かんでくる気がしたのです。それでお誘いしてみたのですが、岡村さん、そもそもこの石は縄文時代のものですか。

岡村　いきなり来ましたね。平たくて少し窪《くぼ》んだほうは石皿。丸いのはすり石でしょう。古いものであるのも確かですね。ほら、石皿の縁のあたりに大きく打ち欠いた跡がある。邪魔な部分をトリミングした痕跡です。このように末広がりの傷口は石で叩いたときにできる特有のもので、鉄の鏨《たがね》だと刃の形にえぐれるため細い筋になります。つまり割れ方が違う。そうした加工技術の特徴から見ると、金属器時代以前の古いものであるのは間違いないでしょう。石皿の素材は硬質砂岩。すり石は安山岩です。実際に使われていたものですね。どちらにも、叩いたりこすった痕跡が残っていますし、石皿のほうは上側が煤《すす》けている。ということは、家の中、それも炉の近くに据《す》えられていたであろうことを示しています。年数が経つと炉から出た煤が染みついていくのです。けれど下側には煤がついていません。ずっと土に埋め込まれていたからです。側面の一方は、赤っぽくなって剝がれていますね。熱による剝離《はくり》です。といった状況証拠から推測すると、炉の横に据え付けられていたものだと思います。

夢枕　なるほど。専門家はそういうふうに見立てていくのですか。この石皿の重さはたぶん三〇キロくらいあると思います。持ち運んで使うような道具ではありませんね。

岡村　ただ、私はまだ縄文のものとは断定していませんよ。いったん遺跡から離れてしまったものは、ちゃんとした鑑定ができない。糸の切れた凧《たこ》と同じで追跡ができないのです。先ほどもいいましたが、まじめな学者ほど、そういう質問にはまともに答えないものなんです。なぜかというと、近代までの日本の民家には、そういう用途の石皿に似た道具がありましたから。さらに我われの世界には偽物《ぎぶつ》という言葉があります。つまりニセモノのことですね。縄文時代の石皿やすり石を真似て作っても儲かりそうにないですが、そういう可能性もないわけではない。

夢枕　僕はふまじめな学者のほうが好きですがね（笑）。では質問を変えましょう。そもそも石皿とすり石は、なんのため、どのように使ったものなんでしょう。

岡村　石皿とすり石の関係は、臼《うす》と杵《きね》、すり鉢とすりこ木のようなもので、間に食材を入れて叩き割ったり、ものを細かくすり潰すときに使っていました。具体的にいうと、クルミを割る。干したトチの実やクリ、ドングリなどを粉に挽《ひ》く。ジネンジョをすり潰してトロロ状にしていたかもしれないし、ウサギや野鳥を骨ごと叩いてミンチにしていた可能性もある。そのように打ち砕くために使われた石は、たたき石と呼ばれます。他にも石皿に似ていますが、窪みのない台石《だいいし》と呼ぶ石器があり、土器にする粘土をこねたり、植物を叩いて繊維に加工していた。作業台ですね。石の特性として、重みがあるから安定がよく、叩いたときの力をしっかり受け止めてくれます。また、アースオーブン、つまりホットプレートとして使われていた痕跡のある台石も見つかっています。そういうものは火の熱で表面が焼け、色が変わっているのですぐにわかります。

夢枕　わりと近代まで使われていたんですね。

掘り出された時期

岡村　縄文時代の石皿が、家の柱の下に入れる土台石に転用されているケースもあります。小さなすり石を囲炉裏の中で熱して布でくるみ、懐炉《かいろ》にしていた地域もあります。温石《おんじゃく》といいます。つまり、形や作り方などによって直ちに縄文時代の遺物であるといえるものは、そう多くはありません。デザイン自体が年代特定の決め手になる縄文土器と違い、石をそのまま道具にしたものは時代性を特定しにくいからです。古さを決める有力な手がかりは

「どこから出たのか」という事実ですが、それも曖昧な場合は、とにかく現物の特徴をじっくり見ていくしかありません。

夢枕　最初にこれらの石を見たとき、僕は店の人に聞いたんですよ。こういうものはいったい、どこから手に入れるのですかと。この骨董店は、飛騨高山地方の古い家が代替わりしたときに出てきたものを、古材や家具、物置の収納品なども含めてまとめて買い上げているそうです。要するに一山いくらで所有者から買うので、ひとつひとつの来歴はわからないということなんですね。僕が気になるのは、遺跡から出たものだったりすると、いろいろと問題になるのではないだろうかということです。

「どの石も、使った痕があるね」と岡村氏。

岡村　掘り出された時期が、文化

財保護法ができる一九五〇年の前か後かで判断が分かれますが、おそらくこういうものの場合は性善説で判断してよいでしょう。農作業のときにこういうものが土の中から出てくることは、昔はよくあったのです。畑にあると邪魔なだけ。けれど、どこか存在感があって打ち捨てるにはしのびない。気になってとっておいたのだけど、子や孫はそういうお爺さんのロマンにはまったく興味がない。ただの石でしかないので、家の建て替えを機に処分されてしまう。よくあることですよ。

夢枕　コレクションの末路ですね。僕もいろいろガラクタを集めているので、身につまされます。でも、今、こうして我われの目の前にあるのも何かの縁。買いたくなってきたなあ。そのような出自であれば、買っちゃってもいいものなんでしょう?

岡村　はい。私個人は、こういうものを所有することにまったく興味はないですけどね。

夢枕　今、店の人に聞いてみたら、一組八〇〇〇円でいいよということで、重いですが車に積んで帰ります。ずいぶん前に飛騨古川にあった民家から出されたもので、由来をたどると近くの小島遺跡というところから持ってきたものらしいとのことです。今、カーナビに所在地を入れてみたら、わりと近いようなので行ってみましょう。

遺跡を探してきた人間の勘

夢枕　結局、小島遺跡という名の遺跡はなくて、御番《ごばん》屋敷先史時代住居跡というのが正式な遺跡名でした。探し当てるまでに手間取りましたが、岡村さんの動きは速かったですね。聞いたことはあるけれど、うろ覚えだというコンビニのお姉さんから「向かいの理髪店のおじさんがもの知りだ」と聞いたとたん、刑事みたいな勢いで走っていったのには驚きました。それから、遺跡の横の畑で作業をしていたお爺さんにもすぐ聞き込みを始めましたね。

岡村　血が騒ぐのです（笑）。場所は、あの高台だろうということはすぐピンときました。縄文人は洪水のときに浸水する恐れのある低地には住居を作っていないのですよ。けれど水や魚は利用したいので、河岸段丘《かがんだんきゅう》のようなところの上のほうの、日当たりのよい高い台地に住んでいました。

夢枕　今回の遺跡は、そのまんまのような場所にありましたね。

岡村　昔から遺跡を探してきた人間の勘通りでした。そして、台地の畑にいた農家のお爺さんが、畑の土の中から出てきたものだと見せてくれた石皿やすり石の破片は、骨董店にあったものと材質が同じでした。また、畑の表面には縄文土器のかけらも落ちていた。すべて符合し、あの遺跡から出たものであると確信できました。さらに私が驚いたのは、近くの高田《たかた》神社の境内にあった大きな石ですよ。一〇〇キロ以上はあるのではないでしょうか。あれは形からするとどう見ても石皿です。石で叩いて形を整えたトリミングの痕跡もあるし、使用痕もある。石皿だとすれば、私はあれほど大きなものを見たことがない。またひとつ宿題が増えました。こういうフィールドワークは大事ですね。

夢枕　遺跡近くの民家の庭先に、石皿とすり石が灯籠のように飾られていたのも面白かったですね。当時、畑の土の中から掘り出した人は、これはただの石ではないと思ったのでしょう。みんな、そういう感覚になるのかな。ところで、ここから車で一時間ほど走ると僕の隠れ家があるので、せっかくだからそこで料理でも作りながら話を続けましょう。

岡村　では、途中で山菜でも摘んでいきましょう。

合理的だった縄文の寄せ鍋

夢枕　余興で縄文風の土器をひとつ作っておきました。これに山菜や魚介を入れて鍋にしようと思うのですが、縄文時代の食とは、どんなものをイメージしたらよいのでしょうか。

岡村　今、作ろうとしているものでいいのですよ。縄文時代の中心的な料理は鍋です。石蒸し料理のようなものを作ったり、石皿で木の実やエゴマの種を混ぜてクッキーのように焼いて食べていたこともわかっていますが、基本の料理は鍋ですね。なぜなら、おびただしい数の縄文土鍋の破片が遺跡から出てくる。おそらく、なんでも鍋に入れて煮て食べていた。

夢枕　つまり、毎日のように寄せ鍋を食べていたということですか。味つけなどはどうしていたんでしょうね。

岡村　食材から出たダシと塩分、キハダ（ミカン科の落葉高木）やサンショウの実などの香辛料もあったでしょう。今、縄文鍋を寄せ鍋といわれましたけれど、私は日本料理の源流は、まさに縄文の鍋だと思っているのです。昼間に大潮の干潮がくる春は、アサリやハマグリが最も採りやすくて身も太っている時季です。春に産卵を迎える魚も多い。産卵期に入るとふだんは深場にいるタイなども浅瀬に寄ってきます。つまりおいしくてたくさん獲れる。すなわち旬。旬を追うことが縄文時代の食だったのです。

夢枕　なぜ鍋だったんでしょう。今の我われだったら、魚を釣ったら焼き魚や刺身にもしますよね。

岡村　じつは、今の私たちが食べているような焼き魚料理の形跡はないのですよ。頭や尾に近い骨だとか鰭《ひれ》の太い棘《きょく》が焦げた状態で出土してもいいはずですが、出ていないのです。刺身も食べなかったはずはないと思いたいけれど、刺身で食べていたという証拠は出ていない。三枚おろしにしたなら石器による切断痕が残った骨があってもいいはずですが、それも出ていない。

夢枕　それは信じがたいなあ。焼き魚も刺身も食べているでしょう、そこに新鮮な魚があれば。絶対に。

岡村　いや、私は研究者の立場として証拠のないことはいえない。切断の痕跡といえば、震災復興に伴う宮城県の縄文期の貝塚の発掘で切断痕の残るマグロの骨が出土したのです。三メートルぐらいのマグロですけれど、脊椎の側面につけられた細い溝状の傷に石器の刃が挟まったままで見つかりました。石器でマグロを解体していたのですね。でも、それだけでは刺身にしていたかどうかはわからない。シカやイノシシの骨にも、解体のときについた石器の痕跡がよくあります。そういった大型の生き物の場合は解体の痕跡を示すカットマークが残るのですが、タイだとかスズキよりも小さい魚になると、肋骨の付け根を切った、つまり背骨に対して平行に切りおろした痕跡がないのです。

夢枕　魚は開いて調理していなかったということですか。

岡村　そうではありません。獏さんが自分で釣った魚を刺身にするときは、三枚おろし特有のカットマークが中骨に残るでしょう。そういう傷を持った骨が出土していないということです。出ていないことには、今日のような刺身を作って食べたとは断定できません。ただ、開きのようなものを作っていたであろうことはわかっています。脊椎骨の数は魚種ごとに違うのですが、貝塚から出土する魚の背骨の数が、頭の数とつり合わない種類があるのです。頭ひとつに対する背骨の数が少なすぎる。全部自分たちで食べたのなら、だいたいの数が合うはず。頭は残し、身のほうだけを干物、あるいは燻製《くんせい》にしてよそへ運んだのではないか。つまり内陸部へ運び出していたのではないかという推測もできます。海から四〇キロほど入った内陸の遺跡から、大きなサメの骨が出てくることがままあります。今も、中国地方の山間地ではサメの刺身を食べる地域がありますね。サメの肉は時間が経つとアンモニア臭が出てくるのだけれど、アンモニアには殺菌力があるので生でも腐りにくく日持ちするのです。そういう食文化は縄文の名残かもしれません。

冷蔵庫まであった縄文時代

夢枕　縄文時代の食料保存には、どんな技術がありましたか。

岡村　ひとつは天日乾燥。それから炉の上の火棚と呼ばれるところでの燻製、焼き干しですね。縄文時代も終わりごろになると塩漬けもしたようです。クリやドングリのような堅《けん》果類《かるい》は、土に穴を掘って貯蔵していました。発芽が始まる春までは木の実のままで保存ができます。こうした地下の貯蔵穴から二枚貝の貝殻が対の状態でまとまって出土した例もあります。外気が出入りしにくい構造のフラスコ形の穴で、生きた貝をしばらく保存していたのかもしれません。つまり縄文の冷蔵庫です。

貝塚から、カキの層とハマグリの層が交互に堆積して大量に出てくるケースもあり、これは集約的な貝加工をした跡であろうと見られています。その加工方法が興味深いのですよ。浜辺に穴を掘ると海水が染み出てきますよね。そこに焼いた石を投げ込んで沸かし、その熱で貝の口を開かせるのです。蒸された貝は塩分を含みます。干し上げると塩分は凝縮され、干し貝は調味料としても機能したはずです。つまり味塩《あじしお》です。塩は塩そのもので交易されていましたが、塩ワカメや干し貝なども、海辺の縄文集落では重要な資源になっていたことがうかがえます。カキは、すでに養殖的なことをしていたことがわかっています。浜辺近くの海に杭を立ててカキが付着しやすいようにしているのです。それだけでなく、岩を砕いて浅瀬に投入し、カキや海藻が好む環境を整備していたようです。海藻がつけばウニも増え、稚魚の群れも安全に育つ。生命相互の関係性や循環を理解した里山や里海の発想です。

夢枕　ほぼ毎日のように鍋を食べていたというのは、今まさに味塩といわれたようにおいしかったからだと思いますが、それ以外にも考えられる理由があるのでしょうか。

岡村　最も栄養摂取の効率に優れた調理が鍋だったのでしょう。内臓や骨、皮のエキスまですべてスープとして溶かし出すこともできる。食材の栄養をむだなく活かすことができ、消化吸収もいい調理法が鍋でしょう。

夢枕　もうお湯が沸いてきました。土器は思っていたより優秀ですね。

岡村　エネルギー効率もよく、しかも鍋は簡単に調理できる。縄文人はよい意味での合理主義者なのです。鍋のもうひとつのよさはみんなで囲んで食べるスタイルになること。現代の鍋宴会のよさもそこにありますね。

夢枕　魚をむだなく食べるといえば、思い出したことがあります。昔、カヌーイストの野田知佑《ともすけ》さんとアラスカのユーコン川をカヌーで下ったんですよ。そうしたら途中で食料が尽きてしまった。そんなとき、先住民の人たちが仕掛けていたサケ網が目についたのです。それを見た野田さんが「一尾失敬しよう」っていう。「それはまずいんじゃないですか」

ということ、「獏さん、俺たちは今、命がかかっているんだ。いいに決まっているんだよ」と。確かにそうだ、命がかかっているんだと思い直し、黙って一尾だけいただいたんです。

まずイクラを取り出し、醤油だけはあったのでかけて食べた。ご飯と一緒に食べる想像をしながら。それから火をおこし、サケを焚き火に放り込んで丸ごと焼いた。焚き火をはさんでお酒を飲んだ。食料は尽きたのに、酒だけは残っていました。これは幸いでした。火の中に放り込んだので、サケは焦げたところも生焼けのところもある。そのちょうどよい部分をそのつど食べながらお酒をちびちび呑んで会話する。面白い料理方法でした。でも、栄養摂取ということを考えると、あのときは鍋にすればよかったんだねえ。

岡村　昔から鍋釜というように、暮らしの中で最も重要な道具のひとつが鍋ですから。

夢枕　食器はどうしていたんでしょうね。

岡村　お玉を使っていることはわかっています。漆を塗ったり彫刻を施した本格的なものもあります。今、我われがラーメンのスープを飲むときに使うレンゲのようなスプーンも出土しています。縄文時代は、銘々皿やマイ茶碗のようなものにあたる個人具はなかったようです。皿には大型の貝殻などを使っていて、淡水のカラスガイの殻に赤漆をかけたものなども出土しています。

素焼きの土器は水を通すが、でんぷん質の食材を煮ると目止めされる。

夢枕　箸のようなものはあったのでしょうかね。

岡村　箸が出土するのは古墳時代以降で一般庶民が使ったのは平安時代からです。それまでは、熱い鍋料理はスプーンのようなもので、冷めた固形物は手づかみで食べていたと考えられています。手づかみは、インドなど海外の食習慣を見ればわかりますが特殊なことではありません。

主食・副食という概念はなかった

夢枕　鮨やおにぎり、サンドイッチだって、いってみれば手づかみですからね。縄文時代、鍋料理に合わせる主食的な食べ物はなんだったんでしょうか。

岡村　ああ、それはいい質問ですね。主食とか副食という区分けは、そもそもご飯とおかずを食べている現代人の発想です。結論からいうと、縄文時代は主食も副食もなかった。なぜなら多種多様な動植物を季節ごとに採取して食べていたからです。一時的な量の多寡《たか》はあっても、主とか従という区分けはない。縄文という時代を考えるときに注意しなければならないのは、思い込みです。つまり現代人の生活様式がスタンダードだと考えないこと。私は、便宜的に縄文の料理を鍋料理だといっていますが、実際はごった煮といったほうが正しいかもしれない。その中にはでんぷん質のものも入っていました。最近は分析技術が上がって、土器にこびりついたおこげから、食材の種類までわかるといいます。

夢枕　でんぷん質といえば、ドングリを上手にアク抜きして食べていたといわれますね。

岡村　それもいい質問です。よく「縄文人はドングリを食べることでカロリーを安定的に得られるようになった」といわれますが、厳密にはこれも誤りです。ドングリとは、渋みのあるクヌギやナラ、カシ、渋みのないイチイガシ、シイ類の実の総称です。ドングリは地下の室《むろ》のような穴に貯蔵された状態で出土することが多いのでたくさん食べられていたとイメージされやすいのですが、量的にはクリの実のほうが圧倒的に多いのです。次いで多かったのはクルミ、そして時代が下がってからはトチの実。ドングリの利用量はその次くらいです。西日本ではイチイガシのようなアク抜きしないでいいドングリもよく食べられていますが、東日本の場合、主なでんぷん質はクリだったようなのです。

夢枕　クリはアク抜きの必要がなく、確かに甘くておいしいですね。でも、甘すぎて飽きたりはしなかったのでしょうか。

岡村　それも、今いった主食と副食の視点ですよ。飽きるほどはたくさん食べていないと思います。ただ、甘いクリを多食するようになってから、やっかいな問題が起きました。それは現代に続いています。虫歯です。肉や魚を多く食べた北海道の縄文人には虫歯がごく少ないのですが、クリを食べていた縄文人は、歯周ポケット付近にかなり虫歯が見られます。

夢枕　クリはどんなふうに貯蔵していたのでしょうか。

岡村　土の中に入れておけば、より甘くなりますし、春まではそのまま保存しておくことができますが、生の状態での貯蔵には限りがあるので乾燥貯蔵をしていたと思います。それは今も各地に残っている「かち栗」です。クリの実を堅く干し上げたものです。縄文時代も石皿とたたき石を用いて、乾燥した殻と渋皮を外して実を取り出していたのでしょう。

夢枕　クリは集落の近くで栽培していたそうですね。青森県の三内《さんない》丸山遺跡の巨大な六本柱もクリ材で、人が計画的に管理したからこそ、ああいう通直《つうちょく》で大きな径の材が取れたのだという……。でも、あれだけの大木だから秋には相当な量の実をつける能力があったはずですが、伐《き》り倒すことをためらわなかったのでしょうか。

岡村　材木にするクリは太く真っすぐに高くなるように育てていたともいわれています。大木になったら柱材に使い、若い木のうちはもっぱら実を採っていたようです。注目したいのは、縄文も年代が新しくなるほどクリの実が大型化していることで、後期になると現代の我われが食べている栽培グリに近い大きさのものもあります。柴グリと呼ばれる今の野生グリの二〜三倍の大きさの実もあるのです。たくさんのクリの木の中から、粒の大きなものを残していった結果ではないかと思います。

夢枕　品種改良というか、系統育成ですね。

岡村　園芸技術のような考えは、もうすでに縄文時代からあったようです。クリについては、また改めて詳しく話をしましょう。

夢枕　農耕も行われていたという話がありますね。なんでも、何種類かの栽培植物の種が出てきているとか。

岡村　畑を耕していたという痕跡はないのですが、エゴマ、アサ、ヒョウタン、ゴボウなどが出土しています。それと近年、マメが二種類見つかっています。土器に残った圧痕《あっこん》まで細かく研究するようになって明らかになったもので、アズキ型とダイズ型でした。この二種類のマメ科植物の原種は日本に自生する野生種です。さらに最近驚くべきことがわかってきました。カボチャの種が複数の縄文遺跡から出土しているのです。園芸史では、南蛮貿易以降に渡来したとされているので、みんな首をかしげています。

夢枕 毒の知識なども相当なものだったのではないでしょうか。フグは食べていましたか。

岡村 食べていますね。宮城県の海辺に住む人たちは、春に接岸するヒガンフグを珍重するのですが、縄文の貝塚からもヒガンフグの歯や骨がたくさん出土しています。もちろん毒のある内臓は取り除いて食べていたはずです。こういう食毒《しょくどく》に関する知恵も縄文由来なのだと考えるべきです。

夢枕 毒キノコはどうですか。たとえば、オオワライタケのような幻覚症状をもたらすものの存在、あるいはトランス現象の認識は。神と交信するためのツールとして幻覚成分を持つ植物やキノコを食べてきた例というのは、メキシコ、アマゾンなど世界的にありますよね。

岡村 北東北から北海道南部の縄文時代後期の遺跡を中心に、キノコを模した土製品がよく出土するのです。葬祭場からも出土するので、かつて私を含め多くの研究者が、今、獏さんがいわれた幻覚との関連性を密かに想像していました。ところが、山の幸に詳しいある県の埋蔵文化財センターの運転手さんがそれを見て「ああ、これはシイタケだ、これはモダシ（ナラタケ）、こいつはハツタケをイメージしたものだ。ぜんぶ食えるキノコだね」と、ぱぱっと分類してしまったそうです。教えられてみると確かにそう。トランスうんぬんというのは深読みだったのです。つまりは山の実りの模型で、感謝の意を示した奉納品と素直に考えればよかったのです。一本とられました。

釣りは非効率な食料調達技術

夢枕　まだまだ専門家でもわからないことがあるのですね。ますます縄文に興味が湧いてきました。話はまた魚のことに戻るのですが、縄文の漁撈《ぎょろう》というと、骨角製の釣りバリが印象的です。僕は大の釣り好きでもあるので、縄文時代の釣りというものにたいへんな関心というか、憧れがあります。ああいう大きなハリを使うからには、大物がバンバン釣れたんじゃないか、と思っていたのですが、最近の研究では、そうでもなかったということがわかってきたとのことで……。それはどういうことですか。

岡村　釣りは、縄文人のたんぱく源を支えられるほど有力な技術ではなかったということです。かつて考古学では、釣りバリの型式は土器や石器と並ぶ編年研究の指標になっていました。特徴を分類していくと年代がわかってくる。つまり研究対象としては王道であり花形でもあったのですが、釣りバリだけで当時の漁撈というものが俯瞰《ふかん》できたわけではなかったのです。なぜなら、獏さんもご存じの通り、シカの角を削って作った釣りバリは、鋼鉄製の現代の釣りバリに比べるとはるかに性能が劣ります。

夢枕　はい。宮城県東松島市の里浜貝塚の前の海で船に乗って試してみたことがあります。奥松島縄文村歴史資料館主催のイベントで、手作りの縄文釣りバリで魚を釣ろうという趣向です。あのときに岡村さんとはじめてお会いしたのでしたね。毎年やっているのだけれど、それまで釣れたのは最初のときに船頭さんが上げた一尾のアイナメだけということでした。自分でやってみて感じたことは、まず素材が軟らかすぎて貫通力が弱い。魚の口を貫くことがそもそも難しいのです。

そして、難点はハリが大きく重くなってしまうこと。鹿角《しかづの》は、そこそこ硬い素材ですが、靭性《じんせい》はなく、いわゆるフトコロと僕らが呼んでいる曲がった部分が弱いのです。ここに一番強い力がかかるので、あまりハリを細く削ることができません。太ければそれだけ重く、抵抗も大きくなります。魚は餌を食べるときに口を大きく開けて水ごと吸い込むので、抵抗の大きなハリは違和感から警戒されます。

そういう理由で、いかに縄文時代の海、身体感覚に優れた縄文人といえども、魚を角製のハリで釣り上げるのは簡単ではなかったんじゃないかと思います。その仮説を証明したのは、イベントに同席した考古植物学者の鈴木三男さんでした。

岡村 我われ研究者仲間ではよく知られた釣りマニアです。

夢枕 そうです。僕は釣りで知り合いました。相当な釣り好きなので、このときはかなり周到に準備をしてこられました。なんと、縄文時代にはこんなかわいいハリがあったんだろうかというくらい、細くて小さな釣りバリを削ってきたんです。釣りには、もし釣れないときは、糸は細くハリは小さくするという法則があるのですが、まさにその作戦で来られた。で、釣り上げちゃったんですよねえ。しかも掛かったのはそれほど能動的な動きをしないカレイ。いわゆる居食いという状態で、胃袋までハリを飲み込んでいました。釣れたのはこの一尾だけ。鈴木先生以外の人は、いわゆる縄文釣りバリの典型的な形とサイズを模して鹿角を削ってきました。このせいだと思いたいのですが、平成の海では魚信《あたり》すら感じ取ることができませんでした。僕は反則だとブーブーいったのですが、鈴木さんは釣った者勝ちだと（笑）。

岡村　そう。縄文の釣りバリは見た目ほど釣れないのです。でも、ハリそのものはたくさん出土していて、しかも大型が多い。貝塚からも大きなクロダイやマダイ、スズキなどの骨が出ている。縄文人はよほど釣りが上手だったか、縄文の海は釣り天国だったかということですが、近年の研究で、食用としての利用比率は、こうした大型魚よりイワシなどの小魚が圧倒的に多いことがわかってきました。

夢枕　なぜイワシをたくさん食べていたことがわかったのですか。

岡村　貝塚の土を詳しく調べるようになったからです。昔の考古学は、とにかく編年の研究に結びつくシンボリックなものばかりに目がいき、全体的にとらえてみるという視点が欠けていたのです。その象徴が貝塚の土をふるいにかけ、水洗いして残ったものを調べる研究です。発掘現場で見落とした土にも、じつは細かな魚の骨やウニの棘などの重要な情報が含まれていることがわかりました。今まで見過ごされていた土を洗ってみると、おびただしい数のイワシなどの小魚の背骨が含まれていることに気づきました。量から類推すると、縄文時代の魚捕りの主役は釣りバリで一尾ずつ狙うのではなく、魚垣《ながき》（石や粗朶《そだ》〔木の枝〕を弧状に築き大潮の干満差を利用して囲い込む漁法）、今でいう簀立《すだ》て漁などの囲い込み漁や、網漁だった事実が浮かび上がってきたのです。

なぜ釣りにこだわったのか

夢枕　なるほど。縄文人は小魚のイワシに生かされていたのですね。でも、大物狙いの釣りも並行して行われていたわけですよね。

岡村　釣り、網漁、囲み込み漁などの割合をどうとらえるかです。ひとつ参考までに例示しますと、シカなどの狩猟も、食料調達手段としてはそれほど優れてはいなかったことがわかっています。カロリーの摂取効率としてはクリを拾っていたほうがよっぽどよかったし、海外の民族事例を見ても男たちの狩猟は生活の安定に寄与していません。むしろその暮らしは、植物系の食べ物を採取する女性たちの働きに支えられています。

夢枕　釣りも狩猟も、結局、男の血を騒がせる遊びなんでしょう。ギャンブルにも似て、とにかくその行為自体が面白い。その楽しさは不確定でスリリングであればあるほど増す。労働としての効率を考えると、確かに網でイワシを捕ったほうがよいのかもしれない。でも、釣りってそういうものじゃないよ、っていうことなんだと思いますね。だから、釣れるかどうかわからないのに海へ丸木舟を漕ぎ出していってしまうのでしょう。そのかわり、大物が釣れると周りが称賛してくれます。自己承認欲求も気持ちよく満たされます（笑）。

岡村　縄文人だって、いつもイワシばかりでは飽きてしまうでしょうから、たまにお父ちゃんが釣ってくる大物魚はごちそうだったはずです。獣の肉も同じで、狩猟民は大物を捕って祭りをします。

夢枕　釣りや狩猟は単なる食料調達のための労働ではなかったと思いますね。遊び仕事という言葉があるそうですが、まさにそんな感じでしょうか。

岡村　縄文時代の生き方そのものが、オンとオフの境目がない遊び仕事だったと思うのです。決して楽な生き方ではなかったと思いますが、日々の作業を苦役と感じたことはないのでは？

夢枕　あの大きな釣りバリからは、縄文時代は必死で生きなければならないほど食うや食わずの生活ではなかったことがわかりますね。むしろ底知れないゆとりを感じます。ああ、やっぱり僕は縄文時代にタイムスリップして、女の人たちに道楽者とそしられようが毎日でも釣りをしたいです。

第二章

住まいとコミュニティー

土屋根の竪穴住居の入り口。中は、夏涼しくて、冬暖かい。
福島市宮畑遺跡にて。

移動生活から定住生活へ

夢枕　見晴らしのよい広い公園です。この芝生の下に縄文時代の大きな集落があったのですね。

岡村　福島市にあるここ宮畑遺跡は、縄文時代中期から晩期まで、約二〇〇〇年間に三時期にわたって断続した集落です。

夢枕　どれくらいの家……というか、建物があったのですか。

岡村　中期の集落の場合は確認された、つまり実際に発掘されたものが四七棟。全部を掘っていないので全容はまだよくわかっていません。再現された建物は、その中でもごく一部です。要所要所だけ復元している。この広い場所にたったこれだけしか建物がなかったということではなく、今、歩いている地面の下にも住居跡が埋まっています。

夢枕　二〇〇〇年間も同じ場所に居を構え続けられるというのは、考えてみるとすごいことですよね。京都だってまだ二〇〇〇年の歴史はないわけですからね。

岡村　二〇〇万年以上に及ぶ人類の歴史を振り返ると、家を作って定住するようになったのは、それほど大昔のことではありません。世界中を見回しても一万年ぐらい前からなんです。それまではテントのような仮住まいで、一カ所にきちっとした家を設けて住むことはありませんでした。一万五〇〇〇年前までの地球は寒冷期で、その時代の人たち……旧石器時代の人たちのことですが、彼らは主にマンモスやヘラジカのような大型草食動物を狩って暮らしていました。動物の群れは草を求め常に移動するので、人間も合わせて動かなければなりませんでした。家という概念はなく、その暮らしは今でいうキャンプでした。

ひとつの場所に丈夫な家を作り、そこで代々暮らすようになった時代を新石器時代と呼びます。日本の時代区分では縄文時代と呼ばれています。北東アジアの北緯三〇度から四五度あたりでは、これらの時代、人々は竪穴の住居に住んでいました。

夢枕　今の国でいうと、どのあたりになりますか。

岡村　日本、朝鮮半島、中国、ロシアあたりですね。南へ下がると住まいの形式は変わり、風通しのよい掘っ立て小屋になります。日本列島の場合、竪穴住居は鹿児島県までしか見られません。

夢枕　移動生活といえば、僕が思い出すのは遊牧民ですね。彼らはごく簡単な骨組みと、羊の毛を押し固めて作ったフェルトの生地で家を作り、羊の群れと馬を連れて移動して暮らします。あたりの草が食いつくされると、また場所を移るという生活。そういう人たちがチベットとかモンゴルの自然の中に今も住んでいるんですけれど、現代ではかなりの少数派です。移動的な暮らしは、もはや我われは旅という限られた時間の中でしか経験できません。移動生活から定住生活への変化は一万年前に起こり、世界的な動きであったとのことですが、共通する理由というか、背景は何なのでしょう。

岡村　氷河期が終わって温暖な時代に入ったためです。一万五〇〇〇年前くらいを境に、地球は急激に暖かくなりました。温度が高くなると植物の分布にも劇的な変化が現れます。木の実をつける落葉広葉樹が増え、それに伴い動物相も変わりました。草原に適応した大型獣から、森林適応型の中小型の動物が増えてきます。

旧石器時代の一番寒い時期は、今よりだいたい摂氏七度くらい平均気温が低かったと考えられています。たとえば東京の年平均気温が七度下がると、北海道の釧路くらいの気候になります。寒冷な地域に広葉樹は少ないのです。森はカラマツとかトドマツ、トウヒ、マツの仲間で構成されます。こういう針葉樹は人が食べられる実がつきません。チョウセンゴヨウ、いわゆるマツの実のような例外もありますけれど、多くの人の胃を満たすほどは採れません。

夢枕　確かに、マツの実でお腹をいっぱいにするのは大変だ。

岡村　酒のつまみぐらいにしかならないでしょう。もっとも、そういう地域では酒も発明されていなかったはず。醸造には糖質を多量に含む植物が必要ですから。その点、温暖な地帯に多く生える落葉広葉樹は、秋になるとクリやクルミのような高カロリーな実がなりますし、春にはワラビ、ゼンマイ、コゴミ、セリ、フキのような食べられる若芽も生える。気候が温暖になったことで、人間の胃袋に向く植物が増えたことが定住化の背景です。

定住を補佐したサケ

夢枕　こうした変動は世界同時なのですか。

岡村　緯度によりますが動きとしては同じです。暮らしは気候と自然に影響されますから。

夢枕　温暖になったことで、一カ所にとどまって季節の変化を待てば、食物が向こうからきてくれる時代を迎えたわけですね。春になればみずみずしい山菜が芽生え、夏には川がアユであふれ、秋になればクリやキノコが採れる。サケも川を上ってくる。冬は山奥にいた動物が深雪を避け麓《ふもと》へ下りてくる。海の魚にもそうした周期性がありますね。よくしたもので、春はアサリなどの貝が太っておいしくなる時季。潮が昼間に大きく引く周期に入るので採取がしやすい。温暖化によって生じた新たな自然のリズムの上に成立したのが、定住型の縄文生活であるという見方でいいのでしょうか。

岡村　その通りです。縄文時代は海水温も上昇しました。それにより海面水位が高くなり、海が内陸まで入り込みます。内湾の誕生です。浅く静かな海はプランクトンや藻がよく育つので、魚介類の生産性も高い。縄文の集落は多くが、潮入りの浅い湾に面して展開されていきます。

夢枕　すぐ後ろに森があり、目の前には川や海がある。住みやすかったわけですね。

岡村　宮畑遺跡は海から離れていますが、すぐ先には阿武隈川が流れています。縄文時代の人は、なぜこの川のほとりにむらを作ったのか。ひとつには獏さんがいわれたサケがあると思います。サケは北海道のアイヌにとってもそうですが、東日本で重要な意味を持つ魚でした。サケの上る川沿いの縄文遺跡から、捕獲施設の跡やサケ叩き棒という道具が出土しています。この棒は捕獲されて暴れるサケの頭を片っ端から打ち据《す》えるものです。

夢枕　それ、世界的にありますよ。アラスカの先住民も使っているし、今も東北の漁師さんたちは持ってますよね。確か恵比須《えびす》棒とかそんな呼び名で。サケは鉤《かぎ》でひっかけたり銛《もり》で突いたりしたと思いますが、産卵期のサケは命の継承に必死で、ひざ下くらいの浅い沢にもどんどん入ってくるので、叩き棒だけでも簡単に捕れたことでしょう。海から川に入ったサケは餌を食べないので、日数が経つほどに、つまり遡上していくほどに身が痩せ、色もサーモンピンクから白っぽくなっていきます。脂が消え、うまみも薄れていきますが、燻製や干物にしたときは、それくらいのサケのほうが保存性はよいそうですね。

岡村　はい。酸化しやすい脂がないですから。アイヌが食べていたサケはそういうものでしたね。というより、本来、人間にとってサケという魚は、川に上ってきた脂のないものをさしたと思うのです。それが変わったのは、接岸前の群れを捕獲する沖捕りや沿岸定置網が発達してからです。海にいるサケというのは、少なくとも縄文時代は漁撈《ぎょろう》の対象ではありませんでした。サケは川で捕るものだったのです。味に対する感覚も今は変わりましたね。今、若者や子供たちは、サケといえば海で養殖して脂を乗せた、いわゆるサーモントラウトなどのことだと思っています。

夢枕　最も生活が不安定になる冬の前に、大挙して現れてくれるサケは、定住という選択をする際も、かなり重要な存在だったと思うんですね。暮らしの基本は水と食べ物。水があっても、食料が調達できなくなれば移動生活を続けるしかない。定住できたということは、冬場をしのぐだけの食料を秋までに確保できたからでしょう。自然の厚みというものを抜きにして、定住はありえなかったわけですね。

岡村　その通りです。

夢枕　ところで、全国には多くの縄文遺跡があるわけですが、ここ宮畑ならではの出土物のようなものはあるのでしょうか。

岡村　じつはそれを見せたくてお呼びしたんです。まずは竪穴住居からご案内しましょう。

土屋根が常識だった竪穴住居

夢枕　なんだか、僕の知っている竪穴住居とはイメージが違いますよ。土の小山の中に住まいがある、という感じです。これ、ベースは木組みですけれど、壁は茅《かや》だとか木の皮ではありませんね。土をそのまま載せて壁にしているんですか。

岡村　掘っ立て柱を組んで、それに屋根材も放射状に立てかけ、樹皮や枝を下地にして、外から直接土を載せていく建築方式になっています。それも土壁を塗るという感覚ではなく、掘り出した土の塊を屋根に放り上げて積んでいくのです。少し前までは左官屋さんも同じようなことをしていました。一定の大きさの泥の塊を「ねこ」っていうのですが、それをぽんぽんと投げ上げて高いところを固める作業をする。そんな感じで、投げたまんまの塊が確認できることもあります。

夢枕　今の建築でいう土壁とは違いますね。建屋に外から土を厚く載せて固めていった結果、富士山のような裾野を持つ土の家ができた。

岡村　ちょっと登ってみますか。許可をもらっているので大丈夫ですし、そもそも大人が数人乗ったくらいではびくともしません。

夢枕　なんと、これはもはや山ですよ。傾斜も急です。外から見ると穴居《けっきょ》ですね。「記・紀」(『古事記』『日本書紀』)や『風土記』に出てくる土蜘蛛《つちぐも》の記述を思い出しました。傾斜は何度くらいなんだろう?

岡村　確か三八度くらいだったと思います。ひとつは、縄文人が住居の中で立ったとき、桁《けた》に頭がぶつからない高さがこれくらい。もうひとつは、土を載せたときの安定性の限界。竪穴住居が描かれた絵画土器や家屋文鏡《もんきょう》、北東アジアの民族事例、あるいは実験結果、そういうものを総合すると三八度くらいに復元できます。これより急だと土を載せてもずり落ちやすい。

夢枕　いずれにしても茅ぶきなどより建設作業は大変だったと思うのですが、なぜ、あえて土なのですか。

岡村　私は保温のためと考えています。草や樹皮だけの薄い壁だと、どうしても隙間風が吹き込みます。断熱効果も低い。その点、土は高気密性の素材で、厚く覆えば暖気が逃げません。土が暖まるまでには時間はかかりますが、一度暖まれば冷めにくい。今の住宅の宣伝風にいえば、夏涼しくて、冬暖かい。

竪穴住居が茅ぶきで再現された理由

夢枕　僕らが学校で教えられてきた縄文時代の竪穴住居とはだいぶイメージが違います。普通の再現遺跡は茅ぶきの竪穴住居ですよね。

岡村　そこがとても重要なところでして。今、いくつかの遺跡ではこのような土屋根の竪穴住居が再現され始めています。しかし、圧倒的に多い再現住居は、獏さんがいわれたように茅ぶきなのです。私の記憶では、日本で最初に竪穴住居が発掘されたのは千葉県市川市の姥山《うばやま》貝塚で、大正一五（一九二六）年。そして全国で縄文時代の竪穴住居の存在がわかり始めたのは戦後のことです。私が宮城県で初めての竪穴住居の発掘調査に参加したのは大学二年生のときで昭和四三（一九六八）年。縄文の住居や集落構造の研究は、当時まだ緒に就いたばかりでした。なぜ、茅ぶきが再現住居のスタンダードになったのかといいますと、少々逆説めいていますが「何もわかっていなかったから」なのです。

夢枕　わかっていなかったから？

傾斜は38度。縄文人の身長や作業性などから割り出された。

岡村　竪穴住居跡を掘ったとき、建屋をどう復元するかということは、昭和四〇（一九六五）年ごろはたいへん大きな課題でした。考古学には建築に対する学問的基盤がまだなかったのです。そこで考古学者は、ある大学の建築の専門家に相談をした。当時、日本の民家で残っていた一番古いモデルは江戸時代の農家で、それは草屋根でした。山陰地方のたたら製鉄の建物も大きな竪穴で、これも草ぶき。建築史の先生は、それらの例からイメージを膨らませ、茅で縄文の竪穴住居を復元しました。あくまで推定、想像からの構造だったのです。

夢枕　誰も知らなかったから、一番詳しそうな建築の権威に判断を仰いだということですが、それは違うんじゃないのと異を唱える人はいなかったのですか。

岡村　いたのです。北方ユーラシアの文化を研究していた人類学者の中には「民族事例を見る限り竪穴住居はみんな土屋根だ」といっている人がいた。先ほどもいいましたように、竪穴住居は北緯三〇度から四五度付近の北東アジアに分布し、しかも土を載せている例が多々見られる。縄文時代も同様だった可能性が高いのですが、当時の考古学界は人類学者の発言に耳を傾けず、建築学者の立てた仮説、それも根拠の乏しいものに倣《なら》ったのです。

夢枕　以前テレビのドキュメンタリー番組で見たのですが、アメリカの先史時代の住居にも土屋根がありましたね。土を載せた住まいという決定的な証拠は、当時の日本ではまだ出ていなかったのですか。

岡村　じつはアイヌの住居に同様のものがありました。でも、顧みられることはありませんでした。竪穴住居が土屋根であったことを確定的にしたのは、岩手県一戸町《いちのへまち》の御所野《ごしょの》遺跡です。そして、従来から一部にあった土屋根説を補強したのが、その後に発掘されたこ宮畑遺跡。これらの発見により、少なくとも東北地方の竪穴住居は土屋根であり、縄文人の住生活の様式は北東アジアの先住民と同じであったことが証明されたのです。

しかし、竪穴住居の屋根頂上部分の構造はまだわかっていないのですよ。今、縄文の復元住居に載っている多くの屋根は千木《ちぎ》を載せた神社の屋根のような形で、屋根板がふかれ前後に煙出しの空間があります。宮畑遺跡でもその屋根板の上に土を載せていますが、これに関してはまったくの当て推量です。ここだけは手がかりがなく、弥生時代や古墳時代の家の絵をもとに仕上げてありますが、実際の頂上の形はおそらく違っていたでしょう。

夢枕　竪穴に水が入ってきてしまうことはなかったのでしょうか。

岡村　水がしみ出るような土地には建てません。また、周囲からの雨水などは竪穴に沿って盛られた土堤が防ぎます。竪穴底の内周に溝が掘られた住居跡もあり、かつては排水溝が切られていたと考えられたこともありました。しかし、後にこの溝は、竪穴住居の壁板を立てるための溝だとわかりました。

土蜘蛛とは竪穴住居の住人

夢枕　お話を聞き、復元された土屋根の竪穴建物を実際に見て、僕は『風土記』などに出てくる土蜘蛛という人々は、縄文人の直接の子孫だと思えてきました。

岡村　逃げるときに蜘蛛の子を散らすように土の家へ入るといったような記述でしたね。

夢枕　当時の権力側からすれば遅れた暮らしをしている人々で、ある種、差別の対象だった。背恰好が低く、土の家に住み、逃げるさまも蜘蛛のようであると上から目線で書き残している。坂上田村麻呂《さかのうえのたむらまろ》（平安時代の公卿）の蝦夷征討《えみしせいとう》も、いってみれば縄文的な暮らしを続ける人たちを、稲作を基盤とする弥生以降の社会構造に組み込む政策。当時はそんな文化衝突がまだあり、その象徴が家屋の違いだったわけですね。

岡村　竪穴住居は、関東以北では平安時代の終わりごろまで続きます。北部九州、瀬戸内から近畿では、古墳時代の終わりごろからなくなっていくのです。都ができると大陸に倣った瓦ぶき屋根の宮殿や寺院になり、やがて畳の暮らしになりますが、東北地方はまだ竪穴でした。

夢枕　それにしても、上に載っている土はたいへんな量です。作業の費用対効果としてはどうなのでしょうか。

岡村　竪穴住居は、一般的に床を一メートルほど掘り下げ、広くフラットな穴を設けます。広さは直径四～五メートル。掘った土は外周へ土堤状に積み、穴の床に柱を四～五本立て、その上に円錐形の屋根の骨組みを作ります。先ほども少し説明しましたが、柱が立ったら梁《はり》と桁を横に渡し、そこに垂木という木を放射状にぐるっと渡します。垂木に細い横木をしばりつけ、その上に樹皮や枝を敷いて、今度は粗朶《そだ》を置き、その伏屋根の上に、床を掘ったときに出た土をすり上げて載せていくのです。掘り下げたときに出た土がそのまま屋根土になるので土の移動量はほぼプラスマイナスゼロです。余った土をわざわざ離れた場所に捨てにいかなくてもいい。こういう発想も極めて縄文的です。

機能的だった複式炉

夢枕　こういう土屋根の竪穴住居は、どれくらい快適だったんでしょうか。

岡村　真冬でも炉で火を焚《た》いていると摂氏二五度ぐらいに保てます。竪穴住居に載せられた土は、日本の北へ行くほど厚くなります。つまり耐寒仕様になっていたらしい。夏は夏で地表の暑い空気を遮断してくれるので涼しいのですが、もっぱら冬を想定した建築です。

夢枕　ということは、家の中では炉の役割が非常に大きかったのでしょうか。

岡村　炉は、物理的にも精神的にも常に家の中心にありました。宮畑遺跡の場合、皆さんがイメージしている竪穴住居の炉とちょっと違う様式になっていて、複式炉と呼ばれるタイプです。標準的な縄文の炉は構造が単純で、石で囲う程度。石を使わず地面の上で直接燃やしているケースもあります。ところが、ここ宮畑を含む福島から新潟県以北では、約四五〇〇年前の縄文中期後半には、三つの部分から構成される炉が流行します。焚き口は前庭のように広く、その先に深い燃焼スペースがあり、奥には消し炭を置く場所がある。その三つで炉を形成しています。機能的な進化が見られるだけでなく、石を丁寧に組んで立派に作られています。それだけ重要な場所であったことがうかがえます。

夢枕 複式炉は、どのように使われていたと考えられますか。

岡村 縄文時代の炉というと、赤い炎が大きく立ちのぼった焚き火を連想する人も多いと思いますが、そういう焚き方はしていません。基本的にはかなり穏やかな火です。よく乾いた太い木を横たえ、前へ送り出しながらじわじわ炭化させていく燃やし方。乾いた薪を使えば煙もそれほどは出ません。熱も安定しています。炎が小さいと調理をしていても土器が割れにくいですし、長く燃やせるので熱カロリーを有効に使えます。必要のないときは灰をかけておくと、何時間も種火を保つことができます。炉ではこの灰の存在が非常に大きくて、余熱を保温に使えるだけでなく、熱い灰を使った蒸し焼き料理もできました。ワラビやトチの実のアクは木灰《もくばい》を使って抜きますが、これも縄文ゆかりの知恵だと私は思います。

夢枕 縄文時代というと、しょっちゅう木の棒と板をこすり合わせて火をおこしているイメージもありますけれど、考えてみると炉で種火を保持すればいちいちそんな面倒なこと

3つの複合した構造が特徴の複式炉。福島市宮畑遺跡にて。

をしなくてもいいわけですね。僕なんかは焚き火をするとすぐに煙で目が痛くなるほうなんですが、炉の余熱を活かして薪自体も乾燥させていたのでしょうね。湿っていると燃えても煙が多くて辛いということは、僕ら以上にわかっていたでしょうから。

岡村　縄文人は、何事においてもむだ遣いはしないのですよ。燃え残りのかけら、つまり消し炭は炉の奥の溜まりにまとめておき、種火を大きくするときに使ったようです。暮らしのあらゆる部分に、持続と合理のための知恵があったようです。

夢枕　ちなみに、縄文時代、トイレはどうしていたのでしょうか。僕は用足しというのは野天で行われ、暗黙のルールとしてあのへんで済ませよ、という感じだったと想像しているのですが。

岡村　縄文時代のトイレの証拠は一切ありません。尾籠《びろう》な話ですが、貝塚からはときどき化石化したウンコ（糞石《ふんせき》）が出てきます。魚の小骨などがたくさん含まれているので、魚を常食していた縄文人のものだろうといわれました。縄文時代のトイレは貝塚だったという文脈で、また、教科書に載った鳥浜貝塚では、糞石がまとまって出土した場所はトイレだったといわれたこともあります。私はほんとうに人間のものか疑いました。そこで当時幼かった娘たちと私のウンコと犬などの糞を五年間調べたのです。ウンコが出たらお父さんに教えて見せなさいと。

夢枕　それはすごい研究です（笑）。何がわかりましたか。

岡村　犬のウンコは表面が滑らかな砲弾型で、場合によってはらせん状にねじれます。それに対し、人間やサルのウンコは表面がボソボソし円筒状に圧縮されたような感じです。その形の比較や内容物の分析などから、貝塚のウンコ化石は、すべて犬のものであることがわかりました。少々脱線しましたが、質問はトイレのことでしたね。一三〇〇年ほど前の飛鳥の藤原京や九州大宰府の鴻臚館《こうろかん》、つまり国際的な迎賓館跡で汚物が詰まった深い穴が見つかっています。これが今わかっている日本最古のトイレ遺構です。仏教が入ってくるとお寺や役所にトイレが作られますが、庶民がトイレを使うようになったのは江戸時代くらいからです。

夢枕　ヨーロッパでもトイレができたのは遅かったですよね。窓から外へ捨てていたという話があるくらいで。お嬢さんたちのスカートが大きくふんわりしていたのも庭での用足しを隠すためですよね。香水の発達も衛生状態と関係があったといいます。

岡村　余談のついでですが、お尻を拭く紙がなかった時代は各地で藁や縄、葉っぱなどいろいろなものが使われていました。岩手県北部には昭和までイタドリの枯れた茎を半割りしたへら状の糞《くそ》べらというものがありました。先端を肛門に当てて糞を掻きとっていたそうです。なんだか縄文とつながりがありそうな民俗事例です。

日本の家族制度の原型

夢枕　話を竪穴住居に戻しましょう。宮畑遺跡の特色は、土屋根であることと、複式炉と呼ばれる進化形の炉が築かれていることでしたが、この住居でどのような暮らしが展開されていたのか、イメージを知りたいですね。

岡村　炉のすぐ横には、木の実などをすり潰して調理するための石皿やすり石を置いていました。調理や炊事のしやすい場所には女性が座っていたと思われます。囲炉裏でいうところの嬶座《かかざ》、つまり主婦のポジションです。石皿に手が届く座の近くには、わりあい完全な形の土器や、粘土が置かれていることもあります。土器は、海外の民族事例などから女性が作っていたと考えられています。その点から見ても主婦の座であったことは間違いないでしょう。調理や土器作りだけでなく、編み物などもしていたはずです。炉辺は食事と団らんの場であるとともに、作業空間でもあったろうと思います。

夢枕　亭主の座はないのですか。囲炉裏では決まっていますよね。

岡村　日本の民家では、土間から見て囲炉裏の向こう側、つまり奥を横座《よこざ》といい、あるじの座る位置とされてきました。入り口に近い脇が客座で、嬶座はその向かいにあたります。縄文時代の竪穴住居にも、その序列構造があったようです。

夢枕　ほお、どうしてそういうことがわかるのですか。

岡村　大きな住居になると、入り口から見て炉の奥側、すなわち横座にあたるところに祭壇があります。そこから男性のシンボルを模した石棒や徳利型の土器などが発見される場合があります。家の祭壇ですね。それらの物的証拠をもとに縄文のイメージを固めていくと「ああ、これはつい最近まであった田舎の家そのものじゃないか」と気づくわけです。

夢枕　僕が釣りのために建てた小屋には囲炉裏があって、それは飛騨の大工さんに作ってもらったんだけれど、囲炉裏の上に棚があります。火棚というのですが、飛騨では火天《ひあま》と呼びます。その上に山菜や木の実などを広げておくと、よく乾燥し、煙の成分で虫も湧かず、保存食になるそうです。火天の下は魚をぶら下げる場でもありました。僕も自分で釣ったイワナなどを干すことがあるのですが、できあがったものは干物というより燻製ですね。非常に保存性がよくなる。縄文時代の炉には、火天のようなものはありましたか。

岡村　出土例は多くないのですが、焼失住居から床に落ちた火棚……火天が出ていますよ。クリやトチの実が大量に載った状態で落ちています。

夢枕　ということは、囲炉裏は縄文の名残ですか。竪穴住居は消えてしまったけれど、縄文の生活様式すべてが失われたわけではない、と。

岡村　仕事がら「縄文時代っていつ終わったのですか？」と聞かれることがよくあります。そういうとき私は「昭和三〇年代ごろです」と答えることにしています。半分冗談で、半分本音。縄文の知恵や文化は、いろいろなところでついこの間まで受け継がれてきたのです。我われ日本人のベースには、モザイク状ではありますが縄文的な要素が多いのです。

夢枕　ところで、竪穴住居の広さですが、円形なのでちょっとイメージしにくいですね。

今の間取りに換算するとどれくらいでしょうか。

岡村　平均すると2DKぐらいです。というと「縄文人も核家族だったのか」と思われやすいのですが、今のような核家族の形態ではなかったようです。夫婦単位で住むけれど、イメージとしては戦前ぐらいまでの田舎にあった一族。本家を中心に複数の分家があり、集落でひとつのまとまりになっている。集落跡を掘ると竪穴住居が二棟から三棟くらいまとまって出土します。家の大きさは大中小だったり、大小小だったり。3LDKクラスもあれば1DKくらいのものもあります。それらが隣接して出てきます。大きな家には祭壇のような場所があるところを見ると、そこは家父長のいた家だろうと思います。何かあると家父長の住む大きな家に行き、みんなで食事をしたり一族の団らんや語らいをしていたのでしょう。子供のいる家族は2DKサイズ、結婚したばかりの若夫婦は1LDKくらいの住居に住んだのではないかと思います。

夢枕　どうやら、日本の家族制度の原型そのものが縄文にありそうですね。しかし、今の私たちの暮らしは変わりました。住まいの中心にあった火は、いつしか台所という片隅に移り、この半世紀は電気の普及で火すら使わない暮らしになっています。

家族が集まる場所はテレビの前になりました。そのテレビも、やがてそれぞれの部屋に分散し、家族みんなが集まるシステムそのものが家の中から消えてしまったように思うのです。しかも、今はテレビすら見ない時代になりました。若い人たちは……若者に限らず、親世代も暇さえあればスマホをいじっている。家族の団らんはどこへいくんでしょうね。

岡村　火は世界中どの民族も神聖なものとして扱ってきました。火には人の気持ちを奮い立たせたり、反対に鎮める力もある。火のあるところは常に集いの場でした。アイヌは、火の神をありとあらゆる神の筆頭神にしています。

　じつは宮畑遺跡の竪穴住居が土屋根であることがわかったのは、家屋が意図的に燃やされていたからです。宮畑の土は鉄分が多く、焼失したときに家に載せた土がレンガのように赤く焼け固まった状態で発掘されたので土屋根だったことがわかりました。大切な家をなぜ燃やしたのか。その理由も火の神聖性にあると考えてよいでしょう。その家に何があったかはわかりませんが、ある種の丁重な送りの儀式だったのだと思います。こうした歴史を振り返ると、火のありがたみを意識しなくなった現代社会というのは、むなしいといいますか、何か危うい気がしてなりません。

夢枕　それにしても、現代人は裸火《はだかび》というものを見なくなりました。

岡村　火が身近なところから消えていく影響は大きいと思います。火はエネルギーそのものですが、現代、私たちの身のまわりには、見えないエネルギーが圧倒的に多くなっています。本来、祈りや祭りにも火は欠かせなかったのですが。東北のある地域では、正月にある儀式をします。年老いた夫婦が囲炉裏の周りで相手をぐるぐる追いかけまわす。夫婦和合の真似事で、再生を祈る儀式です。

夢枕　近いものが日本神話にもありますね。なんてすばらしい男だろう。なんてすばらしい女だろうと互いにたたえ合い、国生み（日本の国土の始まり）を始めるみたいな（笑）。

岡村　ものごとが生まれるときの中心にあるものが火なんですね。

夢枕　かつて家には火と団らんがあったことの意味を、僕たちはもう一度よく考え直さないといけないですね。

巨大な柱を使った高床建物

岡村　宮畑遺跡で、ぜひ見ていただきたい復元物があります。あそこに見える太い四本柱の高床建物です。

夢枕　ほう、あれは大きいですね。梁も太い。ああいう巨大なものを建てるのは竪穴住居のようなわけにはいかない感じがしますね。人手もいるでしょうし、高度な技術も要した。

どうやってあんな太い木を立てたんでしょうね。滑車は……たぶんなかったでしょう。

岡村　いろんな方法が考えられていますが、大仕事だったはずです。よく議論されるのは、なんのために作った建物なのかという用途論です。私はむしろ、太い柱で建てることとそのものにも目的があったように思えてならないのですよね。諏訪の御柱がそうであるように、建てること自体がお祭りのようなものだったのではないかと。

夢枕　こういう建物は、いくら太い木を使っていても基礎石のない掘っ立て柱ですから、根腐れは早いでしょうね。

岡村　根元を焦がして、燻煙処理のような加工をしたものもありますが、建築の専門家によると、そのような防腐加工をしても構造材としての強度寿命は二〇～三〇年だそうです。でも、いわゆる遷宮行事もそれくらいですよ。むしろ二〇～三〇年で建て替えることが大事で、遷宮の意味はリフレッシュと同時に技術継承をすることだといわれていますね。一世代に二、三度は受け継いだ技術を使う機会がある。それが大事だという考え方は縄文時代からあったのかもしれません。

夢枕　この宮畑の高床建物は、どんなふうに使われたんでしょうね。

岡村　かつて高床式というのは大陸の進んだ建築技術による倉ではないかと考えられるこ

とが多かった。その建築が縄文時代に遡ったので、それはきっと特別な建物であるはずだと考えられました。祭殿だったのではないかといわれたり、遺体を安置するもがりの建物だったのではないかという説もありました。でも、最近は普通の住居としても使われていた、と考える研究者が多くなっています。実際、上がってみた感じはどうですか。

夢枕　この炎天下でも風がよく通り、涼しくて気持ちがいいですね。いつまでもごろごろしていたい気になります。

岡村　そうでしょう。実際は単純に夏の住まいとして使っていた施設かもしれない。理屈にばかり頭を使い過ぎると、ものごとをつい深読みしがちです。縄文の研究では、ときには身体感覚で素朴に考えることも大事ですよ。

第三章

翡翠の道をたどる

ゲスト／木島 勉（糸魚川市教育委員会文化振興課課長補佐）

特別な存在として縄文時代から広域に流通していた翡翠。
フォッサマグナミュージアムにて。

激しい地殻変動の置き土産

夢枕　二〇一六年の日本鉱物科学会の総会で、翡翠《ひすい》が「国石」、すなわち日本を代表する岩石に選ばれました。僕は翡翠といえば緑色をした宝石というくらいの情報しか持ち合わせていません。木島さんはここ糸魚川《いといがわ》市の縄文遺跡の専門家であると同時に、翡翠についてもたいへん詳しいと聞いています。学術的にはどんな石なのですか。

木島　蛇紋岩層《じゃもんがんそう》に入り込んでいる硬い鉱物、輝石の一種で、白く緻密な組織の中に部分的に緑色を含んでいます。緑とは限らず、青紫色のものや、赤っぽいもの、黒っぽいものもあります。白い部分も鉱物学的には翡翠です。質的な特徴としては比重が大きくて硬い。ダイヤモンドも硬い石ですが、衝撃に弱く砕けやすいのに対し、翡翠は粘り強さもあって割れにくい特徴を持っています。

夢枕　翡翠と呼ばれるものの中には、軟玉《なんぎょく》という種類もありますね。

木島　中国の物産展などで翡翠の名前で出ているものですね。軟玉はネフライトという鉱物で翡翠輝石（硬玉）とはまったく種類の異なる鉱物ですが、色合いが似ているので翡翠と呼ばれています。

岡村　どちらの翡翠製品も全国の遺跡から出土していますが、宝石としてのランクは硬玉翡翠のほうがはるかに上です。硬く割れにくいということは加工もしにくいということで、縄文人はたいへん苦労して装飾品にしていました。孔を開けるにしても、篠竹《しのだけ》のような筒状の工具の先に、研磨用の砂をつけて錐《きり》もみ式に押しつけ、少しずつ窪《くぼ》ませています。再現してみると、やはり相当な時間がかかります。

木島　宝石は美しい色や輝きを持つ石を指しますが、宝石に列せられるためには、もうひとつ条件が必要です。それは希少性です。日本では一〇カ所ほどの地域で翡翠の産出を確認できますが、糸魚川市内には大きな翡翠の産地が二カ所あり、国指定の天然記念物になっています。このエリアから産出した翡翠は、量、質ともに他の地域を圧倒しています。

夢枕　糸魚川といえばフォッサマグナ。翡翠は激しい地殻変動の置き土産なんですね。このあたりの海岸へ行くと小石程度のものが拾えることがあると聞いたので、じつは鼎談の前に何時間か探してみたんですよ。河川での採取は禁止されているということだったので、浜で釣りをしている人たちの横で鵜の目鷹の目になって。ところが、それらしい石にはひとつも出合えませんでした。考えてみれば、だから宝石なんだよねえ。素人がふらっと歩いて見つけることができるような石では価値がないわけで。

岡村　昔ならいざ知らず、今はよほど大きな嵐が来て、海岸部にたまっていた石が波でかき混ぜられない限り、めったに拾えないでしょうね。翡翠は石の中でもかなり比重が大きいので、そもそも浜には上げられにくいという話を聞きます。ベテランになると潜って探すそうです。この間、考古学を学んでいる大学院生を連れて海岸へ行ったのですが、運のいいことに彼が拾った石の中に一〇センチほどの翡翠を見つけました。フォッサマグナミュージアムで鑑定を受け、教材として貴重なものだからと召し上げました（笑）。

夢枕　先ほど岡村さんがいわれた、加工にたいへんな時間がかかるという点。これも所有するうえでの大きな価値ですね。

木島　昭和の初期まで、日本の遺跡から出土する翡翠製品は大陸から渡ってきたものと

穿孔（せんこう）の痕が残る加工途中の翡翠（上）。下は大珠（たいしゅ）。（写真提供／長者ケ原考古館）

いうのが通説でした。転機は昭和一四（一九三九）年。糸魚川市を流れる姫川支流の小滝川で見つかった緑色の石が翡翠であることが明らかになり、日本でも翡翠が採れることがわかりました。やがて翡翠ブームが巻き起こります。硬く粘り強く、なおかつ重たいため転石になっても凹凸ができにくい。その特徴から、地元では昔、漬物石や板屋根を押さえる重石に使われていました。ブーム初期には、納屋の漬物桶の上の大きな石がまさか宝石だったとは思わず、お酒一升と交換してしまった人もいたそうです。

その後、市内の長者ケ原で明治時代に発見されていた縄文遺跡の本格的な発掘調査が行われ、翡翠製のペンダント……大珠《たいしゅ》といいますが……その大規模な加工遺跡が見つかりました。原産地と加工遺跡という二つの発見によって、全国各地の縄文遺跡から出土した翡翠が糸魚川から運ばれていったものであることがわかったのです。

岡村　姫川流域では、蛇紋岩を使った石斧の生産も行われていました。数ある石の種類の中でもとりわけ硬い翡翠は、石斧を加工する際のハンマーとしても使われていました。

翡翠の流通と道

木島　縄文人が翡翠に注目したのは今から七〇〇〇年ほど前の縄文前期です。はじめの位置づけは、今、岡村先生がいわれたように石斧を作るための工具で、六〇〇〇年前あたりから装飾品に加工されるようになっていきます。翡翠といえば緑色のイメージがありますが、濃い緑色が好まれるようになったのは縄文時代も終わりのころで、最初の装飾品には白みがかったものも多く使われていたのです。つまり流行もあったのです。糸魚川周辺で作られた翡翠の装飾品は、北は北海道の礼文島《れぶんとう》、南は沖縄まで分布しています。

岡村　長者ケ原遺跡は、縄文時代の物流研究の拠点として非常に重要です。翡翠の産出地で加工も行っていたのは、ここ糸魚川周辺の遺跡だけです。もうひとつの特徴は集落の規模。長者ケ原遺跡は一三ヘクタールもあります。関東の縄文集落は広くてもせいぜい二ヘクタール。翡翠の生産拠点でもある長者ケ原はスケールがとびきり大きい。

夢枕　翡翠の流通センターのような機能を持つ特別なむらだったということでしょうか。

岡村　そう思います。私たち考古学研究者は、運ばれたものがどこへどんなふうに分布しているかを調べます。その分布の仕方は、じつはものが持つ価値や意味によっていろいろ変わってきます。魚や塩が運ばれるエリアはそれほど広域ではありません。これに対し、石器材料の中でもとりわけ高品質な北海道、長野県や伊豆・神津島《こうづしま》産などの黒曜石は、かなり遠い地域まで運ばれていきます。その分布状況やルートを見ると、物々交換の繰り返しによって手から手へリレーされていったというより、運び屋のような役回りの人間がいて直接運んだと考えたほうが自然だと思います。翡翠は、数こそは多くありませんが、広がり方は黒曜石よりさらに広域です。木島さんから南は沖縄まで行っていると説明がありましたが、九州以南に広がったのは縄文の後・晩期です。西日本の場合、出土数自体が少なく、量的な中心地となるのは中部日本以北になります。

木島　文化圏単位で広がっているといってもよいと思います。翡翠の大珠は大きな集落の墓から出土するようです。どの墓からでも出てくるわけではなく、ごく限られた墓から一、二点だけ。つまり翡翠を持つことができたのはむらの中でも特殊な立場の人。個人が愛用した装身具というよりは、集落、あるいはエリアにおけるその人のステータスを示す象徴のようなものだったのではないかと解釈されています。

夢枕　なるほど。宝石の所有が権威の証となるという感覚は縄文のころからあったんだなあ。翡翠の装飾品は社会的地位の高い人が持つべきものと位置づけられた結果、糸魚川地方の縄文集落は供給の役割を一手に担うようになったわけですね。では、その翡翠製品は具体的にどのように運ばれたのでしょうか。

岡村　ルートは分布状況から想像できます。陸の主要ルートはフォッサマグナに沿って流れる姫川沿い。ここを遡って信州方面に運ばれています。のちに塩の道と呼ばれる松本街道も、この翡翠の道をなぞっています。糸魚川からフォッサマグナ沿いに道を進むと塩尻へ出て諏訪湖に着きます。諏訪湖周辺の縄文集落は、近くで採れる黒曜石を中心とした物資のストックヤードと、配送基地のような役割を担っていました。尾根筋も道として使われていますが、道というのはだいたい水の筋に沿ってできるもので、その水が集まる諏訪湖は各地からの道の結節点になっています。黒曜石や翡翠などの貴重なものは、諏訪から秩父、埼玉、あるいは八ヶ岳西南麓《ろく》、甲府盆地、東京、神奈川方面へ行きわたっています。一方、千葉の銚子付近で採れた宝飾素材の琥珀《こはく》は、それらと逆のルートをたどって諏訪や八ヶ岳西南麓にもたらされています。

夢枕　じつは今日、一番興奮したのが、この川沿いの翡翠の道のことなんですよ。来るときに「翡翠と縄文につながるような宗教的痕跡があったら面白いね」と話をしていたのです。その後すぐ、木島さんから奴奈川姫《ぬなかわひめ》の話を伺い、なるほどと思ったのです。

天孫降臨の神々に追われ、出雲《いづも》から逃れた建御名方神《たけみなかたのかみ》は大国主命《おおくにぬしのみこと》の息子ですが、僕の考えでは縄文系のかおりのする神です。建御名方神は、今の長野県の諏訪まで逃れてきて、最後は諏訪大社に祀られます。この奴奈川姫は、『古事記』では八千矛神《やちほこのかみ》（大国主）と結

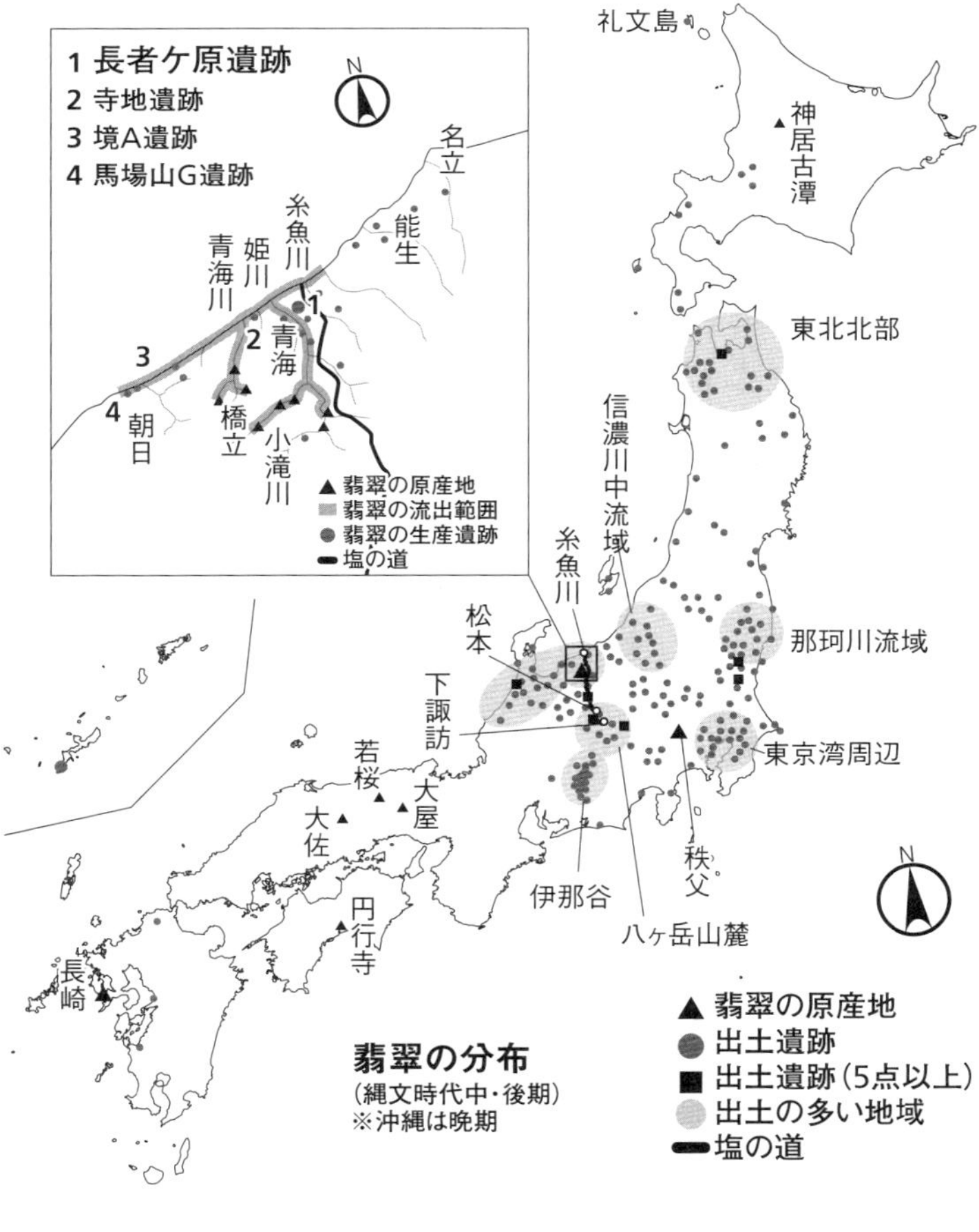

出典／『史跡 長者ケ原遺跡』（糸魚川市教育委員会）
※一部加筆

婚していますね。

木島　大国主命と奴奈川姫の子供が建御名方神だという伝承もありますね。

夢枕　そうした物語は記憶にはあったのですが、出雲の神が諏訪まで行く足がかりが、ここ糸魚川の奴奈川姫であるというところまでは思いいたりませんでした。翡翠の大鉱脈があり、翡翠製品が運ばれた道でもあった姫川の名前が奴奈川姫に由来するものだと伺って、なるほどと思いました。

建御名方神は、今の上田市を通ってから諏訪へたどり着いたという説もありますね。命からがら逃げ回ったのではなく、縄文的な文化を色濃く残すルート、つまり自分たちの親類縁者の多い翡翠の道を選んで移動し、最後に諏訪で守られたというのが真実かもしれません。上田の生島足島《いくしまたるしま》神社には立ち寄った建御名方神が二柱《ふたはしら》の大神に粥《かゆ》を献じたという話があり、ここでは諏訪と同じ御柱の祭りが行われています。諏訪大社には、縄文とのつながりを匂わせる、狩猟習俗を反映した神事もあります。

ギブ・アンド・ギブの精神

岡村　確かに、いろいろなことが符合しますね。面白い見方です。翡翠製品や原石が運ばれた、もうひとつの主要なルートといえば海路です。北日本では東北北部に翡翠が集中しています。縄文時代は同じ価値観を共有するむらが文化圏を作っていましたが、そういう場所へ丸木舟で直接、翡翠を運んでいたようです。

夢枕 それはどんな舟なんでしょう。アウトリガー（舷側《げんそく》に取り付ける浮力体）付きですか。帆は使っていましたか。

岡村 全国から出土している縄文時代の舟はすべて丸木舟です。ただし、これまで出土している縄文の丸木舟は内水面（河川や湖沼）用のものが多く、海用の舟の実態ははっきりしていません。弥生時代の終わりから古墳時代には、板を張り合わせた構造船も用いられ、帆も使われますが、沿岸や内水面用の舟は長さがせいぜい八メートルで、縄文時代と変わりません。波静かな日であれば、安定性に欠ける丸木舟でも沿岸を航行できただろうと思います。帆やアウトリガーを取り付けたとすれば、丸木舟の舷側に穴などの痕跡が残っていてよいはずですが、そうしたものは今のところ報告されていません。

小さな舟で海を長距離移動する方法について、北海道に面白い記録があります。戦前、道南の日本海側では、リンゴを積んで六〇〇キロも離れたロシア沿海州《えんかいしゅう》まで売りにいった人たちがいます。どうやって航行の安全を確保したかというと、三艘を縦につないで走行るのだそうです。横につなげば双胴船のようになって波には強い。けれど船足は遅くなる。だから綱で縦に連なる。こうすると一艘が転覆しても助けることができるそうです。

夢枕　丸木舟だとそうたくさんの物資は運べないしリスクも高いので、グループを組んでいくほうが合理的ですね。では、ときに危険も冒しながら、わざわざ翡翠を運んだ働きに対する報酬はなんだったと思いますか。

岡村　等価交換などという、経済的な物差しでは計れないやりとりだったと思います。先ほどは勢いで運び屋といいましたが、珍しいものを贈ることが集落同士の友好や結束の証であったという考えに立てば、それを届ける者は単なる運搬人ではなく使者のような立場だったかもしれません。縄文時代は、珍しいものを惜しげもなく分け与える行為そのものにステータス性があったとも考えられます。

夢枕　のちの朝貢《ちょうこう》外交がそうですよね。小さな国が貢物を持っていくと、大きな国はより多くの返礼品を持たせて帰すことで同盟を保つ。

岡村　関係性は違いますが、翡翠の装飾品はそういう役割を担う特別な社会的財だったという考え方もできます。そのやりとりの中にあったのは、おそらくはギブ・アンド・テイクではなく、ギブ・アンド・ギブの精神でしょう。

夢枕　今も農家の人は、季節の野菜をご近所に配りますよね。見返りとはまったく関係なしに。あれはまさにギブ・アンド・ギブの心。もらったほうは、今度はお返しに違う野菜を持っていく。お互いに大根を作っているのにやりとりすることもあるんだけれど（笑）。あの感覚は需要と供給の関係とは無縁のものですね。物々交換のようで物々交換ではない。これと同じような、贈与を前提とした交流が地域を大きく超えて存在したことを示すのが、つまり翡翠の流通だと。

岡村　はい。ただ、それにしても長者ケ原遺跡のスケールは大きい。なぜそんなに大きなむらが成立できたのか。単なる加工の拠点というより、獏さんがいわれたようにセンター的な機能を担っていたと考えるのが自然でしょう。流通だけでなく、大珠作りの技術を継承したり、物語性を保つための、つまりブランド価値を管理する研究所のような。

情報をもたらす漂泊の人々

夢枕　どんな人たちが翡翠を運んだと思いますか。

岡村　漂泊的な生き方を選んだ人たちだと想像しています。間違いなく男でしょう。現代社会にいろいろな仕事や生き方があるように、縄文時代の社会にも狩猟・採集・漁撈・もの作りだけでなく、もっとたくさんの形の生業や特殊技能を発揮する場があったのではないでしょうか。旅をして暮らしていたような男たちもいたと考えないと、翡翠の移動の仕方などはなかなか説明がつきません。

夢枕 チベットの村に、そんな感じの暮らしがありました。兄弟で交代で行商するんですよ。村を出るときは一緒じゃなくて一人ずつ。たとえばお兄ちゃんが半年行商に出て帰ってきたら、次の半年は弟が行く。婚姻制度が変わっていて、一人の妻を兄弟で共有するんです。生まれた子供は両方でかわいがる。そういう生き方もある。

岡村 翡翠のようなものを運んだ人たちのことを想像するときに考えなければいけないのは、先ほども話題になったように、もののやりとりは必ずしも交易ではないということです。広域流通があったという一面だけをすくい上げ、縄文時代から商人がいたと結論づけるような、経済に軸足を置いた史観には反対です。

民俗学者の宮本常一《つねいち》も書いていますが、かつて人々に歓迎されたのは、その地で得ることのできない貴重な物資だけではありませんでした。何よりもありがたがられたのは情報です。他地域の動向のようなニュースから、はやり病の話、よく実る木や草の品種や技術などの情報。さらには近隣のあの村には気立てのいい若い娘がいるとか、力持ちの男がいるとか。外の情報をもたらしてくれたのは、常に旅人です。富山の薬売りがよく知られた例ですが、こうした情報通は少し前までの日本ではとても大事にされたものです。

夢枕　つまり、翡翠のようなものを携えて長い旅をする人が持つ情報にはとびきりの価値があるので、立ち寄る先々で喜ばれた。泊まる場所も食事も、まったく心配することがなかったかもしれない、ということですね。

岡村　昔、最も恐れられたことのひとつは近親婚の影響です。ときどきよその血を入れていかないと集落が健全に保てない危険があり、その意味でも旅する男は大切にされていたかもしれません。

夢枕　旅人が子種を落としていったという話は昔話にもよくありますから、可能性としてはありますよね。漂泊の人々……僕はそういう人たちを「渡り」と呼んでいますが、似ているなあと思ったのが高野聖《こうやひじり》です。彼らが持ち歩いたのは弘法大師の教えを絵図にした曼陀羅《まんだら》であり経文の書かれた軸ですが、縄文時代に当てはめれば、まさに翡翠であり情報。価値あるものを届けてくれた返礼として施しがあり、聖たちは旅に暮らすことができた。

岡村　定住社会をより安定的、つまり幸福なものにしていくためには、漂泊の旅に暮らす渡りのような人々も必要だった。こういう仮説を考古学的に証明するのは今後も難しいでしょうが、面白い切り口だと思います。

夢枕　それにしても翡翠は重いです。仮に生産地からは丸木舟で運んだとしても、内陸は歩くしかないですね。黒曜石もそうですが、一度にそれなりの量を運んだと思うんです。まだ馬や牛はいません。どのように運んだのでしょうか。

岡村　背負子《しょいこ》は、弥生時代になると使っています。もっこ（網袋）のようなものは使っていたかもしれない。縄文の土木工事の跡を見ると、大きな土の塊がゴロゴロと出てくることがあります。手で抱えて運ぶのはいかにも効率が悪い。もっこのようなものに入れて担いだと考えるのが妥当です。

夢枕　大黒様《だいこく》のようにですか。僕は、手は自由に使える背負い方をしていたんじゃないかと思います。背負うか、肩にぶら下げるか、腰に巻き付けるか。腕を自由にできないと、当時の山道などは歩きにくかったんじゃないか。手で、岩や木をつかまないといけないので。

岡村　頭上運搬というのが民族事例にたくさんありますね。日本にも少し前までは残っていた。残念ながら、縄文時代の運搬具はまだひとつも見つかっていません。こういうことの解明も歴史を紡《つむ》ぐうえで大事なピースなんですがね。

夢枕　翡翠の運び手は、各地で仕入れた情報とともに、威信財である翡翠をただ配るだけだったのでしょうか。旅費はかからないシステムがあったとしても、そもそも任務に対する対価はあったのか。名誉なのか。対価があったとしたらどのような形であったのか。

岡村　実用品である黒曜石の場合だと、需要と供給の関係もあったと思いますが、翡翠や琥珀の場合は、希少であるがゆえに損得抜きの存在であって、運び手は商人というより、先ほどもいいましたように使節のような立場であったかもしれません。

夢枕　何人かのチームで動き、ある拠点から先は分散して一人旅になる。翡翠を届けるという任務を終えたらまた合流し、集めた情報を共有しながら出発地に戻る。翡翠を運んだ男たちのイメージは、僕の中ではまだぼうっとしたものでしかないのですけれど、縄文社会の中ではかなり重要視されていた一団ではあっただろうなと思うんです。少なくとももの を仕入れて転売するような商人ではなかった。日用品については、行商のような役割を担った別な人たちがいたかもしれませんが。

岡村　平安時代の東北は、馬の育成が基幹産業になっていて、それを京まで運ぶ連中がいました。東北で仕入れた砂金を京で売りさばいて成功した、金売吉次《かねうりきちじ》のような人物もいる。奈良時代の大仏建立の際には、寄付金を集めるためにお坊さんたちが全国を行脚したわけでしょう。もう一三〇〇年も前からそういう人がたくさんいたのだから、それから数千年前の縄文時代でも、漂泊という生き方はそう珍しいものではなかったはずです。宮本常一もそのあたりのことを書いてますね。人生の一時期をふるさとの外へ出て暮らし、年老いて再び帰ってきた人を世間師《しょけんし》、つまり自分たちの知らない世界をいろいろ知っている情報通と呼んだと。もちろん、多くは狭い範囲で一生を終えた人たちだったと思うけれど、旅に暮らす生き方もあったのです。

夢枕　僕は、自分の想像力を膨らませて話を論じることが許される小説家という仕事をしているわけですが、このようなものの移動を取り巻く状況については、正直、まだ具体的なイメージが湧きません。もうちょっといろんな事実がわかってくると、よりもっともらしい説を作品の中で披露することができるのですが（笑）。

第四章

土偶と諏訪信仰

ゲスト／守矢昌文（茅野市尖石縄文考古館館長）

墓域から出土した仮面の女神は、右足が折れていた。
（写真提供／茅野市尖石縄文考古館）

縄文の流れを汲む儀式

夢枕　ここ尖石《とがりいし》縄文考古館に来るのは今日で三回目です。最初はもう二〇年以上も前。二回目は二〇一五年で、そのとき、この一〇年決めあぐねていた縄文小説の新しいアイデアが、ふと降りてきたんですよ。縄文の神の世界を書こうと。でも、ちゃんと見ていないものがまだ多く、また来てしまいました。今回も僕なりに新たな発見がありました。守矢さんはこの縄文考古館の館長です。守矢さん、たとえば、今、目の前にあるこの土器（一九一頁写真）にある装飾のモチーフは、蛇ですよね？

守矢　よく気づきましたね。この形式は中部高地の縄文土器に特徴的な、「蛇体把手付土器《じゃたいとってつきどき》」と呼ばれるものです。

岡村　蛇体把手付土器はどの範囲まで分布してましたか。

守矢　八ヶ岳山麓から山梨、関東の多摩丘陵まで行っています。型式的には「勝坂式」と呼ばれる土器ですが、蛇が表現されていれば間違いなくメイド・イン・中部高地といえます。

夢枕　この蛇は、三角を強調した頭の形からするとマムシですか。

守矢　はい。土器によってはマムシの特徴である銭形紋もしっかり表現されています。

夢枕　この地域の縄文人は蛇をトーテム（精霊）にしていたんですね。これは僕の仮説ですが、この縄文の蛇信仰は諏訪大社へとつながっていませんか。御室神事《みむろしんじ》に登場するミシャグジとは蛇体をした神ですね。「御社宮司」という字をあてたりもしますが、ミシャグジというのは土着の古い神で、僕は「御宿神」とも書いたと思うんです。ミシュクジンが宿神《しゅくじん》やミシャグジになった。東京の石神井《しゃくじい》という地名もそうだといわれています。このことについては、中沢新一さんも『精霊の王』（講談社学術文庫）で詳しく触れています。そのミシャグジを奉じてきたのが諏訪大社の神長官《じんちょうかん》を中世から明治に入るまで代々務めてきた守矢家で、守矢家の守り神もまた蛇ですよね。

守矢　そうです。さすがお詳しい。神長官を務めた守矢家は現在で七八代です。

岡村　守矢館長も同姓ですが、諏訪大社の守矢家とのご関係は？

守矢　どこかではつながっていると思いますが、うちの守矢の家系は元禄までしかたどれません。

夢枕　神長官の守矢家は、出雲の建御名方神《たけみなかたのかみ》が翡翠の道沿いに諏訪へ入ってきたとき配下に加わったと思われる、地元の神の末裔ですね。守矢家はシカやイノシシの生首を七五体も奉納する御頭祭《おんとうさい》を執り行ってきた家ですが、あの神事はどう考えても狩猟文化の名残。

つまり縄文の流れを汲む儀式ではないかと思っているんです。

岡村 私も御頭祭は縄文由来と見ています。こうした動物供犠《くぎ》の主体は時代によって変わり、縄文ではイノシシやシカ、弥生以降はシカが中心になっていくのですけれど、東アジアの新石器時代の遺跡では、イノシシの頭を並べる儀式の痕跡が広く見られます。日本でも、とくに南日本では今も狩猟習俗として残っています。農耕儀礼とされる、イノシシのあごに棒を刺して連結する例がありますが、私はもともと狩猟の儀式だったのではないかと考えています。

夢枕 諏訪大社では、蛙を矢で刺す蛙狩《かわずがり》神事も有名ですが、あれの意味するところも、ミシャグジである蛇への捧げ物ではないですか。

守矢 串刺しにしますので、供物系の儀式といってよいと思います。

岡村 諏訪といえば、私は御柱祭《おんばしらまつり》のルーツも縄文ではないかと考えています。もともとはむらむらで行われていた祭りで、みんなで山奥から神霊が住まう依代《よりしろ》を持ってくることに意味があった。困難であるほど、つまり大きな木であるほど価値がある。共通目標を達成したら酒を飲んで踊る。そこには情報の交換や男女の出会いなどさまざまな意義もあった。

定住という暮らしは、すべてハッピーなことばかりではなくて、気疲れもあるし、いがみ合いも生じる。遊動生活時代は、気の合わないグループとは離れればいいので、対人的なストレスはそれほどなかったと思います。でも、定住社会になり、その規模が拡大していくと、ストレスのはけ口のような社会的装置が必要だった。それがたとえば巨大な柱をみんなで立てるという祭りで、社会が結束するために不可欠の装置だったはずです。

縄文との関係性を感じさせる御柱。

夢枕　そういった祭りのエネルギーが宗教性を帯びていき、神事として現代に残っているということでしょうね。僕は、今でいう社《やしろ》という存在は後からそこに作られたもので、先にあったのは御柱のような祭りであったと思います。

守矢　当館にも、そういった考えに近い視点で作った御柱祭のアニメ映像があります。

岡村　今も諏訪の人たちは七年に一度の御柱祭が近づくと血をたぎらせますよね。

守矢　はい。ふだんはとてもおとなしい人が、人が変わったようになります（笑）。結束力のようなものが、地域に甦ります。

岡村　青森県の三内丸山遺跡の六本柱の大型建物にしても、建てるときに御柱的な祭りも行っていたと思うのです。単に建物を建てるなら直径一メートルもある太いクリの柱である必要はなかった。近年の御柱祭ではモミの木を使うそうですが、重要なのは樹種へのこだわりではなくて太さですね。御柱祭も御頭祭などと同様、後から来た統治者が縄文の祭礼をうまく習合して人心の掌握に用いたのだと思います。

夢枕　諏訪七石というものがあったりするように、このあたりは自然石への信仰も多い。縄文人は石をよく信仰の対象にしていますね。

守矢　はい。中部高地では石棒や石の遺構もたくさん出土しています。諏訪大社にも「硯石《すずりいし》」と呼ばれる大きな石があります。ここ尖石の名の由来も、まさに石からです。

夢枕　じつは先ほど、岡村さんと茅野《ちの》駅前で注連縄《しめなわ》を張った巨石を見てきたのです。直径が一・五メートル以上あるような立派な丸い石で。これも縄文ゆかりの石なんだろうなと思って解説を見たら、文化財とはなんの関係もなくて、平成二二（二〇一〇）年に道路工事現場の下から出たものですと書いてあった(笑)。

岡村　拍子抜けでしたね。道路工事をしていたら出てきたのだけれど、わざわざ安置して注連縄を張るところに、地域に流れている縄文的な精神性のようなものを感じました。

夢枕　石に対する信仰も、相当に古いのではないかと思います。というのは、仕事柄、古い神社によく行って本殿の御神体について話を伺ったり見せていただくことがあります。多くは鏡のようなものですが、よくよく聞くと、ほんとうの御神体は本殿ではなく、その奥の小さい祠《ほこら》にあったりする。拝見すると、縄文時代のすり石としか思えないまん丸い石だったり、ノジュール(自然に丸く凝固した石)のようなものだったりするわけです。

女性を象徴した神像

夢枕　縄文人の精神性に関連するものといえば、尖石縄文考古館には「縄文のビーナス」と「仮面の女神」の名で知られる二点の国宝土偶があります。直球で伺いますが、そもそも土偶ってなんですか。

守矢　困りました。岡村さんも苦笑いされているけれど、結論はないのですよ。まずそもそも、あれは人なのか、人ではないのかという議論があります。私は人だという立場をとりますが、人をかたどったものなら、なんのための存在かということですよね。日本で考古学が始まって一四〇年ほどになりますが、土偶の場合、明確な説がいまだに存在しない。
謎が多いだけにさまざまな見方もできて、ヨーロッパの研究者の中には、子供の玩具ではないかなんていう人もいます。私は縄文時代中期の中部高地、つまりこの八ヶ岳山麓から出土したものしか詳しく見ていませんが、ひとつだけはっきりいえるのは、土偶はすべて女性であるということです。

岡村 女性を象徴した神像というのが土偶でしょうね。作ったのもおそらく女性。世界の民族事例を見ると、粘土製品はみんな女の人たちが作っているといいますから。

守矢 性別的な特徴を具備していない、かなりデフォルメされて性別がわからない土偶も多々ありますが、縄文時代中期のこのエリアの場合は、すべてといってよいほど女性像です。土偶は縄文時代全般にわたって作られていて、初期のものはかなり簡素ですが、中期になると人間としての形が具体的に、そして豊かに表現されていきます。

夢枕 女性をかたどったものであるとして、神像としての本質はなんでしょう。見えない神をそういう形にしたのか。それとも神と通じるシャーマンを象徴したものなのか。これ自体が呪具なのか。そして、それはどんなとき、どう使われたのか。家の中にいつも置いていたようなものなのか。あるいは儀式のときにだけ使われたのか。土偶は壊れたものが多いですけれど、自然に壊れたという人と、意図的に壊していると見る人がいますね。

守矢　土偶は全国合わせて二万点ほど出土していますが、私が見た限りほとんどは割れていて、送りの儀式を行った場所から散らばった状態で見つかっています。国宝に指定されているうちの二体の大型土偶は例外的で、墓穴《はかあな》からそのままの形で出てきました。つまり副葬品でした。墓から土偶が出てくる例は他に北海道であるくらいです。

夢枕　土偶は具体的にどんな使命を帯びた存在で、どう使ったとお考えですか。

守矢　同じ場所から壊れた状態で出ているところにヒントがありそうです。土器に比べれば少ないですけれど、大きな集落からは土偶片がわりとよく出るのですよ。草創期の土偶は、顔も足もなく、もともと胴体だけだったりします。

岡村　初期の土偶は頭や足がない。胴体だけといわれましたけれど、豊かな乳房を強調して表現している点に本質的な土偶の意味があったと私は考えます。大きなお腹の妊娠の様子や座産の姿の土偶もよく見られます。女性シャーマンの象徴に受胎や安産、乳の出などを女たちが祈ったのだと思います。また、割れたのか、意図的に割ったのかという議論については、私は壊れてしまい使えなくなったものを神のもとへ帰したと考えています。石などを使って意図的に割った場合は打撃痕が残ります。私は三内丸山遺跡の土偶片の割れ口を観察しましたが、わざと叩き割ったものはほとんどなく、どれも弱いところから折れたり欠けたりしている。祭りで使う壺や注口土器などには硬いものでわざと壊したものも見られますが、土偶はそういうふうには扱われていません。

夢枕　自然に、あるいは何かのはずみで壊れたものを、役割を終えた証として同じ場所で丁寧に葬ったということでしょうか。

岡村　三内丸山遺跡で見つかった土偶片を調べると、じつは二割ぐらい他の地域の粘土で焼かれたものだといいます。壊れた土偶をよそから持ち寄ったのだと思います。ただゴミ捨て場に置くだけではなく、その場の土が焼けているので、火を焚く儀式を行って送っているのですよ。今もどんど焼きのようにお札や注連縄を焼く行事があるでしょう。ああいったイメージに近い送りの儀式があったと思います。

夢枕　では、割れていない土偶……つまり、もの送りの場ではなく、墓からそのまま出土した土偶の意味はどうとらえたらよいのでしょう。

岡村　シャーマンが使っていた呪具である土偶が、一緒に埋葬されたのでしょう。他にも土で作った祈りの道具として、「土版《どばん》」と呼ぶタブレット型の護符のようなものもあります。有名な遮光器土偶にしても、中空構造の大型のものもあれば、芯まで粘土が詰まった小さなものもある。用途に応じたさまざまな土偶が存在したと考えてよいと思います。

夢枕　むらの中心に据えられ、特別な人しか扱うことができないもの。氏族《うじぞく》の長のところ、あるいは家々に置くもの。そういう共用の土偶がある一方で、個人がお守りのように持つようなカジュアルな土偶もあったということですか。今の感覚でいえば、神社で受けた護符のような。めいめいが勝手に粘土をこねてもこれは土偶だとはいえない。誰かの認証が必要になる。間に立つのがシャーマンのような人で、その儀式を経て土偶ははじめて依代《よりしろ》となる。そして役割を全うしたとき……つまり壊れたときは送りの儀式で魂を抜く、というイメージでしょうか。

縄文のビーナスと仮面の女神の意味

岡村　縄文のビーナスと仮面の女神については、完成度の高さや大きさから見ても明らかにむら全体で共有された土偶でしょう。それを扱っていた人が亡くなったときに「もうこれはあなたが持っていっていいよ」と一緒に埋められたのではないかと、私は想像します。二体とも発掘に携わった守矢さんはどう思いますか。

守矢　縄文のビーナスは完全な姿で出土していますが、仮面の女神のほうは右足が折れて出てきました。どうも意図的に折り取ったような打撃の痕跡があります。後者の場合、土偶になんらかの始末というか決着をつけなければならなかった。そういう背景があって、あえて壊してから埋葬したのかもしれません。

岡村　マジカルなものを葬るときは、壊しておかないと災いを起こすという民俗行為は世界的にあって、「キリング」と呼ばれています。先ほどもいいましたように、縄文人は基本的には土偶を壊していない。割れた状態で出てくるのは、壊れるまで大事にしていたからにほかなりません。この事実は動かないと思いますが、ここ尖石縄文考古館に収蔵されている仮面の女神の場合には、キリングのような特別な所作があったのかもしれませんね。

守矢　仮面の女神が出土した墓域からは、鉢被《はちかぶせ》といって被葬者の顔のあたりにかぶせた浅い鉢型の土器も三つ出ています。作り方が仮面の女神と同じ黒い燻《いぶ》し焼きであることから、土偶とともに埋葬された人に次ぐ地位にいた人物の副葬品と考えています。一般の墓域にはこのようなものは見られませんので、むらの特別な人たちの墓なのでしょう。

岡村　こういう特別な人たちの中にも、運や巡り合わせがあったのだろうと思います。集落のシンボリックな土偶とともに墓に入れるのは、何代かに一人だけ。普通は鉢をかぶせ

仮面の女神(左)と縄文のビーナス。(写真提供／茅野市尖石縄文考古館)

るだけ。完全な土偶がめったに出てこないのは、そういうことではないかと思います。

夢枕　特別な人とは、おそらくシャーマンですよね。もっと後の時代になると王とシャーマンは役割が分かれるのだけれど、その前はシャーマンがイコール王と考えていいような気がします。

岡村　王なのかシャーマンなのか、神なのか。研究者としては断言できない部分なので「特別な人」という言い方で濁すわけですが、今でいうような村長ではなく、霊性も扱うリーダーだった可能性が高い。近いイメージとしては卑弥呼でしょうか。

夢枕　女性でしょうね。我われはつい、男性中心の史観でものを考えがちだけれど、縄文というのは女性がある程度ものごとをリードする社会だったのではないでしょうか。ところで、縄文のビーナスと仮面の女神は造形もだいぶ違いますが、どれくらい年代差があるものですか。

守矢　一〇〇〇年ほど違います。ビーナスは縄文中期。人口がピークを迎えたあたり、つまり最も縄文文化が栄えた時代で、ビーナスという愛称が示すように豊満です。仮面の女神は縄文後期前半で、人口減少が顕著になった時期のもの。中期には十数棟で構成された環状集落が、後期前半には一、二棟になってしまい、まもなく八ヶ岳周辺は無人の荒野になります。後者は逆三角の仮面をかぶっていて、ビーナスとは異なる神秘的な雰囲気を醸し出しています。この表現の違いには社会状況も大きく反映されていると思います。

集落の拡大と消滅

夢枕　縄文後期に入って人口が減った原因というのは、そもそもなんなのでしょう。気候変動ですか。

岡村　縄文時代は温暖だったといわれますが、縄文中期後半から後期にかけて三度ほど大きな寒冷期があったといわれています。人口減少の動因のひとつだとは思いますが、それだけでは説明できません。私が考えているのは社会的矛盾による崩壊です。定住によって狩猟採集生活の基盤が安定したわけですが、その安定性が集団の発展を促すうち……つまり集落が大型化するにつれ、階層や格差のような矛盾が始まり社会が複雑化した。狩猟採集社会の平等や協業、和が維持できなくなったのではないでしょうか。たとえば三内丸山は三七ヘクタールもある巨大なむらでしたが、繁栄は続かず中期末には終焉《しゅうえん》に向かいます。

　人口減少の原因としてもうひとつ考えられるのは環境問題です。集落が巨大化してゴミや糞尿の浄化が自然の処理能力を超え、生活環境が劣悪になったことも背景にあるかもしれない。私たちが体験している都市化のひずみと同じです。現代社会を見るとわかりますが、人口はピラミッド構造でないと維持できません。相互扶助で生きてきた丸い社会が、親分をトップにした縦社会に変わっていく中で制度的な問題が噴出し始めた。そこへ気候の変動や環境衛生の悪化が重なってむらが分散したというのが私の見立てです。

守矢　その意味では、二つの土偶はそれぞれの時代状況を投影しています。ビーナスの時代はある意味で縄文の黄金期。この土偶が出た棚畑《たなばたけ》遺跡は、それから数百年後に大きく衰退し始め、後期中ごろからやっと立ち直り、なんとか状況を維持します。仮面の女神はその時代の土偶ですが、出土した中ッ原《なかっぱら》遺跡は直後から再び集落が衰退し、やがて消滅します。切実さという点では仮面の女神の時代のほうが深刻です。

夢枕 そもそも仮面というのは、変わりたいという願望の強い表れですよね。別の存在になる。本来はシャーマンの装束だと思うけれど、土偶自体も仮面をかぶっている。そこにとても深い意味があるような気がします。たとえば、これは能に出てくる翁《おきな》ではないかと。

岡村 豊満なビーナスのほうは、人間の根源的な願望である出産や育児の安全、子孫繁栄のような願いの象徴だと思うのです。お乳が出るか出ないかだけでも大きな問題だったわけですから。だからおっぱいが強調されている。しかし、仮面の女神の造形に込められている意味は、もう少しややこしいというか、さっき守矢さんがいわれた切実な社会的背景、そして獏さんの考える強い変化願望。そういうものを含んでいるように思います。

守矢 時代ごとの再生への願いが土偶に表現されていると見ています。最初に蛇体把手の話をしましたが、毒蛇のマムシは咬《か》まれると死に直結する危険な生き物です。けれど再生のシンボルでもあるのです。卵胎生で子蛇の形で産みますから。仮面の女神の足が折られている意味も、再生への願いと考えることはできると思います。むらの衰退に危機感を抱いたのかもしれない。確証はまったくないのですが、葬られた人は死者とは限らないと思うのです。生贄《いけにえ》のような儀式があった可能性も、時代性を考えると否定できません。

夢枕　沖縄だと、かつてはユタとかノロといったシャーマン的な女性が生きた蛇を使って占いをしていたそうです。毒蛇のハブだったと思いますが。縄文人のマムシ観にもどこかつながるような気がしています。ところで、二度あることは三度あるともいいます。三体目の女神が発掘される予感はありますか。

守矢　二体目のとき、だいたいこういう遺跡なら出土しそうだという可能性が見えてきました。条件は三つで、一つ目は人の交流頻度が高い拠点的地域であること。二つ目は長期にわたって人が住んだ集落であること。三つ目はある程度規模の大きな環状集落であることです。

岡村　つまり物流と祭祀の機能を持つセンター的な集落の墓ですね。

夢枕　とすると、次に出そうなところはどこでしょう。

岡村　この地域しかおそらく出ないはずですよ。さっき北海道の墓からも出ているといいましたけれど、墓から土偶が出土する例はほんとうに稀で、全部合わせても一〇例ほどです。

守矢　三つの条件も、あくまで八ヶ岳周辺のパターンですので。

夢枕　縄文人の世界観や神について理解するには、もうちょっと手がかりがほしいところですね。どうかぜひ、三体目を見つけてください。

第五章

生命の木「クリ」

ゲスト／鈴木三男（東北大学名誉教授）

青田遺跡の復元図。集落のそばにクリの木が見える。
（作画／石井礼子、画像提供／国立歴史民俗博物館）

白亜紀の地層からクリの化石

夢枕　近年の縄文考古学で大きなトピックスといえば食料のクリ。そしてもうひとつが、現代でも塗り物に使われている漆、すなわちウルシの木から採った液だと聞いてます。クリの話は岡村さんとの最初の対談である「日本人の食の源流」（第一章）でも話題に上がりましたが、近年になってわかってきたことがたくさんあるそうですね。漆については、僕が知っていることはかなり断片的です。当時から木の器や櫛《くし》に塗られていることは聞いていたけれど、じつは縄文時代の中でも相当に早い時期から使われていて、九〇〇〇年前くらいに遡ることができるという。この事実は驚きです。漆器が日本の代表的な伝統工芸だということは誰もが知っているけれど、この日本列島で九〇〇〇年も使われてきたことを知っている人はどれほどいるでしょうか。

僕の釣り仲間に、鈴木三男さんという考古植物学の権威がいます。鈴木さんはじつは岡村さんとも古くからの友人で、互いにみっちゃんみちみち……などと戯言をいいながら呼びあうほど仲がよいのだけど、研究を巡って見解の相違が生じると、ツバを飛ばさんばかりに論争することがあります。そのテーマのひとつが、じつはウルシなんですね。今回はそういう熱い論争も聞きたいなと思い、鈴木さんをゲストにお招きしました。最初にクリの話を、その次にウルシの話を伺いたいと思います。

岡村　鈴木さんと私は、東日本大震災以降、津波で被災した宮城県東松島市の宮戸島で復興の支援活動を行っています。宮戸島は里浜貝塚という縄文遺跡のあるところで、私は三〇歳ごろから調査にずいぶん通った場所です。復興のシンボルにはいろいろありますが、宮戸島の場合は縄文人もその花を眺めたであろうヤマザクラこそふさわしいのではないかと考え、植物が専門の鈴木さんの指導のもと、近代になって関東南部から移植されたオオシマザクラなどと交雑をしていない、地域在来のヤマザクラの子孫を実生で苗に育てています。被災年を記憶に刻むために、二〇一一本の苗を宮戸島に植える活動をしているところです。先日もその打ち合わせで会ったばかりでした。最初は、見解が分かれていないクリについて穏やかに話をしましょう。

鈴木　まず基礎的な話からしましょう。クリは日本列島に一億年くらい前からずっとある植物です。一億年というのは、恐竜が闊歩《かっぽ》していた白亜紀（一億四五〇〇万年前〜六六〇〇万年前）にあたります。正確にはまだこのころは東アジア大陸の一部で列島の形をしていませんが、今の日本の国土になっている白亜紀の地層からクリの化石が出てきています。現生のクリとは種類が違いますけれど、とにかく長い時間生き続けた植物で、最後の氷河期の終わりころから爆発的に増え始めます。

夢枕　縄文時代はざっと一万三〇〇〇年の歴史があるといいますが、クリはいつぐらいから利用されているんですか。

鈴木　一番古い記録は約一万三八〇〇年から一万三二〇〇年ぐらい前です。ひとつは、竪穴住居の柱材としてクリの木が出てくる。福井県若狭町の鳥浜貝塚では、建物の柱ではないのですが、一万二〇〇〇年ぐらい前におそらく杭などに使った、人間が削ったり切ったりした痕のあるクリの木が出ています。クリの実が出土している最も古い遺跡は、滋賀県大津市の粟津湖底遺跡。琵琶湖の水が淀川へ流れ出る瀬田川の近くにある縄文遺跡です。今の湖底が陸地だったときにできた集落跡で、縄文時代早期から中期のものです。当時の川のほとりから、クリの実を剝いた皮が塚をなすほどまとまって出ています。年代測定をすると、およそ一万五〇〇〇年前と出ました。本格的な温暖化が始まって一〇〇〇年ほど後の時代になります。

夢枕　食用よりも建材としての利用が早かったということですか。

岡村　そういう意味ではありません。考古学は見つかったものから事実を証明する学問ですから、今までの発見では、それぞれそういう古さまで遡れたという意味です。クリの木が建材として使われていることがわかったのは、静岡県沼津市の葛原沢《くずはらさわ》第Ⅳ遺跡などから、焼けた住居が出土してからです。焼けたというより、送りの習俗としてわざと焼いているのですけれど。土屋根の家だったので、屋根が焼け落ちたときに中が炭窯のような状態になり、クリ材の柱が炭化して組織構造が比較的よい状態で残ったのですね。それで確認ができた。クリの実に関しては、粟津湖底遺跡で約一万年前だという年代測定の結果が出た。このことは鈴木さんが書かれた『クリの木と縄文人』（同成社）という本にも詳しく紹介されていますが、最近は、もっと古い実の利用例が長野県で確認できているようです。

夢枕　もっと古いって、どれくらい前なんですか。

鈴木　それがですね、材としての利用と同じ一万三〇〇〇年から一万二七〇〇〇年前。

夢枕　建材としての利用と食用としての利用はほとんど一緒に遡れるわけですね。

鈴木　長野県の上松町《あげまつまち》の遺跡から出てきたものです。岡村さん、あそこは遺跡の発掘自体は古いのですか？

岡村　確か一九九二～九三年ごろだったと思います。

鈴木　縄文時代草創期と判断された住居跡ですね。その調査のとき……つまり今から二〇年以上前に、炭化したクリの実が多数出土していました。ところが、当時は年代測定をしていなかったのです。

夢枕　C14という技術ですね。炭素の同位体を使った測定方法。

鈴木　そうです。この時代の日本ではまだそれほど普及していない技術だったので、そのクリの実がほんとうに縄文草創期のものかどうかという確証がなかった。だから注目されていなかったのです。その実をつい最近（二〇一六年一二月）、放射性炭素年代測定法で測定したところ、一万三〇〇〇年から一万二七〇〇年前という数字が出てきたのです。

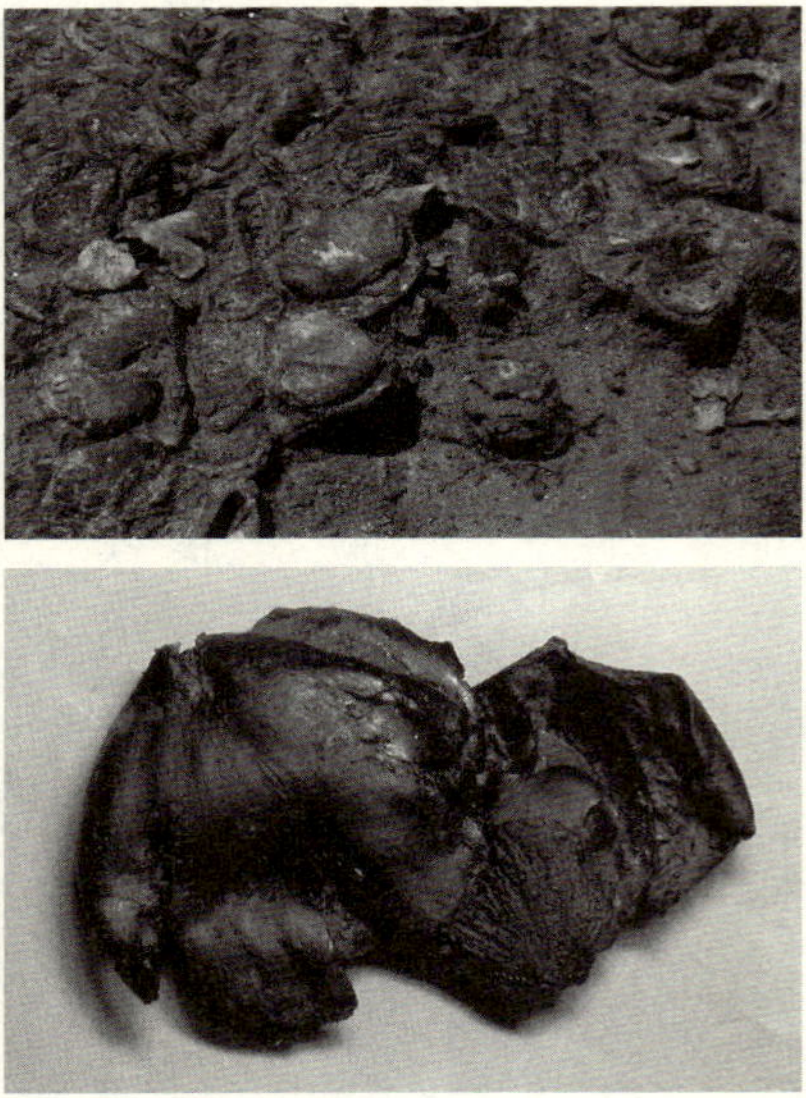

縄文時代のクリ塚と出土したクリ果皮。
（新潟県胎内〔たいない〕市・野地〔やち〕遺跡・写真提供／吉川純子）

考古学のおまけという扱い

岡村　住居の年代については、土器の編年からわかっていました。そのクリの実は草創期終末特有の土器と一緒に出ていた。でも、こういうものには、いわゆるコンタミ（コンタミネーション＝資料の汚染・混入）の可能性もあります。とくに木の実や草の種などはネズミが土の中の穴に運んだりするでしょう。植物や動物の遺体から詳しい年代測定をするようになったのは、最近のことなのです。そもそも我われ考古学者は、植物や動物にそれほど重要な発見要素が潜んでいるとは思っていなかったのです。C14のような測定方法や光学器械が発達してくると、鈴木さんたちのような植物の専門家も考古学に参加するようになり、次々に新しい知見をもたらしてくれました。そうした状況変化の中で、収蔵庫に眠っていた出土植物に光が当たり始めたのです。

夢枕　過去に縄文草創期のものであろうという見解は出ていた。けれど、縄文草創期といってても幅があり、何年くらいのもの……という言い方しかできない。ちゃんと年代測定をし直したら、やっぱりかなり古いもので、しかも具体的な数字が出たということですね。

岡村　そもそも、そのクリの実を我われはそんな重要なものだと思ってなかった。「そうか、またクリが出てきたか」ぐらいにしか受け止めていなかったのです。

夢枕　「縄文時代なんだから、クリが出土するのは当たり前だ」ぐらいの感覚ですか。

岡村　というか、もっと極端にいうと、我われ考古学の研究者は土器、石器ばかりを大事に扱い、一緒に出土した自然物にも大きな歴史的意味が潜んでいるということをあまり認識していなかったのです。

夢枕　近年は土そのものまで浚《さら》って、花粉から何から細かく分析していますよね。

岡村　植物が専門の先生方が、意識的、かつ主体的に研究してくれたからわかるようになってきたのです。私を含めてですが、土器や石器をメインに考古学をやってきた人間は自分たちこそ王道だという意識があって、自然科学的な分析には冷ややかな立場をとってきた。こうした姿勢については反省しなければいけません。

鈴木　ありがとうございます。私自身は縄文人の植物利用、つまり太古の人たちはどういう樹木をどのように使っていたのかを知りたいという興味からこの分野に入ったのですが、考古学の現場では、植物の研究はずっと考古学の付属物、おまけという扱いを受けてきました。土器、石器を中心とする考古学の世界では、我われのデータは刺身のツマ程度にしか扱われてきませんでしたね。これは正直な感想です。

岡村　植物質遺物の保存状態がいい低湿地の遺跡が見つかり始め、それを掘るようになると、植物質の道具だとか食べ滓《かす》、土木に使った木などの有機物が出てきました。すると「出てきたからしょうがない。ちょっとこれ、植物学者を呼んで一応調べてもらってください」みたいな形で報告書の付録になる。そんな扱いでしたね。

鈴木　付録だったらまだいいです。付編とかいう付け足し程度の報告書でしたよ。

岡村　クリはひょっとして、縄文人の暮らしの中でかなり重要な位置を占めていた植物ではないかと考えられるようになったのは、考古植物学の有効性がわかりだしてからですね。

勢いを増したクリの木

夢枕　クリというのは今でも秋になると八百屋やスーパーに並び、栗おこわだとかきんとん、羊羹《ようかん》などにも使われている日本人にとってはなじみ深い木の実です。もともと山の幸で、人間は最初、自然に生えている木の下に落ちている実を拾うだけだったはずですが、クリは縄文時代から栽培されていたというのが今日の定説ですね。栽培に向かい始めたのは、具体的にいつくらいからなのですか。

鈴木　その話の前に、前提をお話ししておいたほうがよいでしょう。今、岡村さんから話があった低湿地遺跡ですが、代表的なものが先ほども名前のあがった福井県の鳥浜貝塚です。その後の環境変化で水に浸かった遺跡というのは、酸素に触れにくかったため遺物がよい状態で出てきます。我われ考古植物学をやる人間から見ると宝の山ですよ。そこで、昔の発掘調査のときに出てきた遺物からサンプルを採り、年代測定や花粉分析をやり直したのです。花粉の形や、出てきた量、あるいは出方を見れば、この縄文時代の早い時期、付近はどういう環境だったかということを突き止めることができます。私の研究テーマは、縄文人は自然をどのように利用していたかを植物から明らかにすることですが、分析の過程でクリについて非常に興味深いデータが出てきたというわけなのです。

木材としての利用は、先ほどもいいましたように年代測定の結果で一万二〇〇〇年前を示しました。花粉に関しては、我われよりも前に環境考古学者の安田喜憲《よしのり》さんが分析をしていましたが、当時の分析技術ではクリとシイの花粉の区別ができませんでした。精度に限界があったのです。ご存じのようにシイは常緑樹で、西日本に多い。それに対しクリは落葉樹の代表です。しかし花粉の区別がつかないので、クリはいつごろから、どれくらい利用されていたのかということをはっきりといえないままでした。後年、緻密に再調査して両者の花粉を分けてみると、やはりクリ材が出てくるころに、ある程度の量のクリの花粉がまとまって存在していたことがわかったのです。

夢枕　花粉の量が多い少ないということは、何と比較をするのですか。

鈴木　集落ができる前の、その場所の環境との比較です。下の層は人間が活動する前の自然そのものですから。先ほどいった一番古いクリの木が出る一万二〇〇〇年前ごろから花粉が増え、九〇〇〇年前ごろから後になると、さらに増えるのですよ。どっと、という感じで。それをどう解釈するか。論文にまとまっているのですけれど、書いたときに共著者の間で議論がありました。論文は基本的に筆頭著者の意見で書くものです。筆頭の学者は、人間がクリを栽培した証だという説をとった。それに対し私や他の共著者は、人の関与ではなくクリの林が自然に増えたことも考えられると、慎重な姿勢をとったのです。

夢枕　決着がついてないのですか。

鈴木　我われは植物学から入ったので、生物学的に起こりうるさまざまな可能性を考えたうえで検証しないと結論を出せないのです。なぜ慎重論をとるかというと、クリの木は氷河期から日本列島に生えていたのですけれど、この時代はまだ生育に適した場所は少なく、限られた場所でひっそりと生き延びてきた植物なのです。レフュージア、逃避地というい い方をしますが、寒い時代にどこか局地的に寒さをしのげるところでやり過ごしていた。その氷河期が終わり、今度は一転して温暖な時代に入る。クリにとっての適地が広がり、それまでひっそりと生えていたところから外へ一気に広がるわけですね。縄文の始まりはまさにこの時期です。クリなど温帯性の落葉広葉樹と入れ替わるように後退した木が、たとえばトウヒやトドマツなどの亜寒帯性の針葉樹です。今、これらの針葉樹は北日本や高い山の上にしか分布していません。生態学的にいうと、その地域における植生の勝者は、環境とともに変化していくものなのです。

夢枕　気候の急激な変化に伴ってクリが一気に増えたのか、それとも定住を始めた人間が意図的に増やしたのか。そこがはっきりしなかったということですね。

鈴木　植生というのは、きっかけがあると変わっていくものです。最後はシイやブナのような大きな木を中心とする生態系ができて安定した状態にはなりますが、シイやブナはずっと主役ではいられない。何かアクシデントがあれば、たとえば山火事や土砂崩れのようなことが起きると、森という劇場の配役はリセットされてしまうのです。そうしたところにいち早く生える先駆種がアカマツやクリなのです。しかし、シイのような巨大になる木がまた生え始め、陰を作るようになると退場を余儀なくされます。つまりクリは植生の遷移の途中で一時的に登場する木であって、自然の森の中では永遠の主役ではないのです。

夢枕　クリの花粉が増えたことを、鈴木さんは当時どのように考えたのですか。

鈴木　私たちの説は、地球が急激に温暖化したことでクリの木も勢いを増した。それが鳥浜の縄文人たちの暮らしを形成したというものです。

夢枕　栽培はしていなかったという意味ですか。

鈴木　いや、縄文草創期の鳥浜についてはそうだったろうという意味です。ここからは完全に私の説で、岡村さんはウンとはいわないかもしれないけれど（笑）、もう少し話をさせてください。温暖化後の日本列島は雨が多く土が常に湿っていたため、植物の種が次々と芽生えました。競争による遷移が激しく、最後はそこらじゅうが高木の森になるわけですね。縄文人はどういう人たちだったかというと、暗い森の中にひっそりと暮らす民ではないのです。そうですね、岡村さん？

岡村　その通りです。旧石器時代も狩猟採集の暮らしですが、冷涼な時代でした。人々は草原の大型動物を追って広範に遊動しながら暮らしており、定住型のむらはまだ作っていませんでした。定住のためにはある程度、開発が必要です。つまり自然を攪乱します。

夢枕　今もアマゾンの密林の中には現代文明との交流を拒み、石器時代と同じ狩猟採集で暮らす民がわずかにいます。彼らは木の枝と葉っぱのようなもので簡素な小屋を作り、そこで一カ月とか二カ月暮らし、また移動していきますよね。一カ月も二カ月も同じところにいると、周囲の食べられる動植物が尽きてしまうから、移動せざるをえない。

岡村　狩猟採集生活といっても、縄文時代はそこが大きく違います。数世帯が協力して必要なものを周りからかき集め、永続的に活動できるセンターを作っていた。そういう定住生活、センターを「むら」と呼んでいるわけです。

栽培の起源をたどる

夢枕　その場所はどういうところだったと考えればよいでしょうか。

鈴木　はじめは森だったと思います。しっかりとした家を作るには木が必要ですから。そこで木を伐ればぽっかりと明るい場所ができます。すなわち攪乱です。火を入れて一帯を焼いたかもしれない。はじめは小穴のような空間だったけれど、むらが大きくなるにつれて明るい穴は大きくなっていくわけです。伐採には木を利用するためだけでなく、快適な生活空間を作る意味もあったと思います。このような空間は明るい場所を好むクリの木にとっても適地だったのです。クリは人間の開発行為により急激に増えた。しかも利用価値が非常に高い木で、食料も生産してくれるし、いい建材になる。燃料としても中心的な役割を担っていた木だろうと思います。伐ればまた明るい空間ができ、切り株は枯れず、ひこばえが出て急速に生長する。つまり継続的な利用方法を発見した。これが管理の第一段階。

夢枕　言い方が適切かどうかわかりませんが、クリは人間との出合いによって繁栄のチャンスを得たのですね。

鈴木　といってもよいと思います。本来クリは植生の遷移の途中で消えてしまう木なのですから。人間が森を壊したら、日当たりを好み、おいしい実のなるクリがたまたま増え始めた。では管理の第二段階はどういうものか。それが栽培です。もっと実がたくさん欲しい。もっとたくさんの木材が欲しい。そのためにはクリの木の生長を妨げる他の木を排除する。あるいは実を土に埋めて発芽させ、苗にして植える。ただ問題は、栽培はいつの時点から始まったといえるかです。私は縄文時代の草創期からすでに始まっていたと考えていますが、規模はそれほど大きくはなかったはずなので、花粉がある程度まとまって出土していてもまだ断言ができません。

岡村　私も結論は同じですが、鈴木さんとは少し違う見方をしています。これまでの歴史学は、技術や文化は次第に高度化していくという発展史観が前提になってきました。しかし、人間の本質というのはそう変わらないと思うのですよ。徐々にクリの有用性を知っていったのではなく、出合った最初から秘めている価値に気づき、すぐに栽培を試みたと考えます。彼らは、定住を選択する前から自然環境の仕組みというものを熟知していた、生まれながらの観察者です。どういうふうにすれば自然は都合よく利用できるかということはわかっていたと思うのです。森を伐り拓いてむら作りを始めた段階で、すぐにクリの有用性に気づいたと考えます。

夢枕　クリの栽培は定住のための開発と同じ時期に始まったということですね。

岡村　そうです、ほぼ同時。私はそう考えます。

鈴木　定住と同時だったとしても、むら自体の成立までには時間がかかっていますよね。栽培利用といえる規模になるまでには、それなりの年月もかかったのではないですか。

岡村　鈴木さんたち考古植物学者の話を聞いていると、私はむしろ、いろいろなことが同時に起きたと感じるのですよ。これほど都合のよい仕組みを人間が見逃すはずはないと。では、なぜそれまで栽培がなかったかといえば、遊動生活を送っていたからで。定住自体が当時のさまざまな革命の引き金になったのです。

夢枕　土器も定住によって高度化したわけですね。しかし、考古学でいう「同時」とは、今の我われが日常的に使っている「同時」と少し時間の幅が違いますよね。具体的には一〇〇年なのか、一〇〇〇年なのか。まさか五年、一〇年という話ではないんでしょう？

岡村　いや、あんがい五年、一〇年の話かもしれない。今の科学技術だって、これはすごいというものは一気に広がりますよね。栽培の知見も一世代で確立できたし、そのアイデアが伝わるのもほんの一瞬だったと思うのです。

鈴木　確かにそうかもしれない。

岡村　大雑把なたとえですが、人類の歴史を四〇〇万年とすれば、そのうちの三九九万年は遊動生活です。最後の約一万年から始まった定住生活は、人類の生き方の枠組みそのものを完全に変えた、まさに大革命だったわけです。

夢枕　人間にはビッグバンのような大変化がときどき起こりますね。ホモ・サピエンスへの進化もそうだし、ホモ・サピエンスになってから、もう一度脳の進化、つまり認知革命のようなものが起こったという説もあります。農耕や鉄器の発明もビッグバン。近代では内燃機関の発明や電気の発見。現代では人工知能の登場がそうかもしれません。しかし、人類史の上では小さな記述に過ぎない定住生活も、じつはその後の道筋を変える大きな節目であったということですね。とくに最近の動きを見ると、文明はかつてみんなが考えていたより早く、行くところまで行き着くのではないかと思い始めている。現実がSFを凌駕しつつある。でも、そういった人間の特質そのものは太古から変わっていない。

岡村　何も変わっていないと思いますよ。仮にこの現代に縄文人を連れてきても、彼らはすぐに順応するでしょう。必要ならばまたたく間に文字を覚え、インターネットやスマホも使いこなしますよ。同じ人間ですから。

夢枕　クリ以外にも栽培する価値のある植物はなかったのですか。

岡村　ウルシについてはこの後でまたじっくりお話しするのでおくとして、ダイズとアズキも栽培されたといわれ始めています。

鈴木　ツルマメやヤブツルアズキ。こういうマメ科の野生植物を効率よく利用する方法として栽培が始まり、後のダイズやアズキの品種になったと考えられています。しかし、日本列島の場合は木の実がカロリー源の中心で、この中でもクリがダントツです。量……つまり収穫効率としても、地理上の面積、時間軸の中で見ても。クルミやトチノキの実、カシやナラのドングリも利用されてきましたが、クリには及びません。

クリは主要な食料

夢枕　これは岡村さんとの以前の対談（第一章）でも話題にのぼったことですが、鈴木さんは縄文時代、クリはどのような位置づけの食料だったと思いますか。岡村さんは、クリはたくさん食べていたけれど、そもそも現代でいう主食のような位置づけではなかったというお考え。後世の古文書や民俗資料などを見ても、クリは食べているけれど、米や雑穀に肩を並べるような位置づけではないそうです。

鈴木　それについては私も『クリの木と縄文人』を書いたときに一番悩んだことなのですよ。岡村さんにもいろいろ教示をお願いしました。クリの優位性については猿さんがいわれるように、味がよく量が確保でき、しかも高栄養であることです。私はクリをまずいという人に会ったことがありませんし、クリの実のカロリーは米に比べると半分ほどですが、サツマイモより一・三倍ほど高い。木の実というのは、よく実る年と実らない年があり、カキやミカンなどの果樹では表年《おもてどし》、裏年《うらどし》などと呼ばれます。ブナはこれが極端で、五年に一回くらい大量の実をつけ、あとの年はあまりなりません。大量結実の翌年は一粒もならないといってもよいほど。木同士が示し合わせたように実ったり実らなくなったりする。これを同調性といいますが、クリには同調性といえるほどの動きはないのですよ。名古屋大学博物館の新美倫子さんが、愛知県のある村の二〇本あまりのクリの木を対象に、毎年どの木にどれだけ実がなったかというデータを五年間にわたり取り続けた結果があります。一本一本の木で見ると、実がなる年とならない年では何倍もの収量の違いがある。ところが、全部の木を合わせると、最大で二倍ぐらいの収量の差で収まるのです。一本一本の実りがバラバラであるがゆえに、結果として不作リスクが軽減されるのです。

夢枕　一定の本数があれば全体としてばらつきは吸収される。ある程度のクリの群落が近くにあれば、極端な飢餓に襲われることは少なかったということですね。

鈴木　はい。これがブナとまったく違うところ。実際、縄文時代の人たちがブナの実を利用していた形跡はあまりありません。

岡村　あまり出土していませんね。ブナの生えている場所は標高が高く、集落から遠かったということもあるでしょうが。

鈴木　豊作の年を一〇割として、クリは不作の年でも四割くらいは収穫が保証される。この意味は大きかったはずです。クリが主食にならなかったというのは、後年の民族事例から見た見解です。主食という位置づけでよいかどうかは私にはわかりませんが、縄文人にとってクリが主体的な食料であったのは間違いのないところです。

岡村　クリはそれほど重要な食料ではなかったという論は、岩手県北上山地の事例をもとに畠山剛《つよし》さんという方が書いた民俗誌『縄文人の末裔たち』（彩流社）に記されています。

鈴木　昭和三〇年代以前の山村生活について古老たちに聞き取りをしたものですね。救荒《きゅうこう》食（飢饉の際の非常食）を含めた主たる食料の話の中心は、穀類以外ではドングリ類やトチの実で、クリについての証言がまったくない。畠山さんは、クリは甘いがゆえに飽きやすく主食にはなれなかったと結論づけています。他の民俗学の本にもそのようなことを書いてあるものがあり、じつは困ってしまったのですよ。

岡村　私がある時期、そういうことを鈴木さんに吹き込んでしまったことも迷わせた原因です。その後、私なりに文献を当たり直してみました。すると歴史学者の網野善彦さんが興味深いことを書いていますす。古代や中世、クリが主たる食べ物であったことを指摘しています。網野さんは租税から調べたのです。それによると、山国には栗畑があり、桑畑があり、漆畑があり、それらはちゃんと租税の対象になっていた。つまり、たくさん採れていた。そのことから、クリは日本列島の人々にとって一貫して重要な食料だったと見ている。主食であったか否かということとは、また論点が違うのですけれど。

鈴木　少なくとも戦後の日本の農山村においては、勝手にクリの実を採っていい山っていうのはないのですよ。クリの林には所有者がいます。一方ドングリは、共有林に生えているものという前提ですが、たいていは自由に拾ってかまわない。トチの実に関しては、村で何月何日に一家族何人とかいう入会制度の形で拾うことができる。クリについては入会制度の中にも入っていないのです。どういうことかというと、クリは最初から農家個別の財産になっていて、共有する木でも自由競争で拾ってよいわけではないのです。里とのはざまに勝手に生える柴グリを除いては。つまり林産物に位置づけられている。

岡村　網野さんが調べて書いているように、クリの生えている場所というのは、歴史的には畑という扱いなのです。

夢枕　それは縄文時代の何らかのシステムが、そういう形として残ったということを意味しているのでしょうか。

岡村　そう考えてよいと思います。

夢枕　クリって考えてみると面白い存在ですね。たとえば以前は、家を建てたけれど土地が余ったとき、クリの木を植えれば、その区分は宅地から除外できるというような話もありました。クリを植えれば宅地より税金の安い農地として扱われるという理屈なのかもしれません。農水省の統計では、クリはカキやウメのような農産物ではなく、特用林産物——つまり山での栽培物として扱われているそうです。もしかしたら荘園時代から「ほら、これはクリが植わってるからうちの荘園の一部だ」なんていっていたのかもしれない（笑）。その意味で、縄文時代におけるクリの価値というものが、もうちょっと立体的にわかるといいですね。

鈴木　残念ながら、縄文時代にどれくらいのクリがどんなふうに食べられており、社会をどう支えていたかという話になると、現在のところよくわかりません。今、出土しているものだけでは結論を出すことができないのです。

夢枕　もっとサンプルの量が必要だということですね。

岡村　考古植物学を研究している人には、概数でもいいから割合を出してほしいと思っています。クリやトチはかろうじて果皮が残る。クルミの殻はより残りやすい。そういう係数的なものも加味して、ざっくりとした数字を試算してもらえるとありがたいです。

夢枕　思い切って「こうだ！」っていう数字を出すと、反論を含めいろいろ議論が湧き起こり、新しい切り口が出てくるかもしれませんね。

鈴木　かつて考古学者の小山修三さんが、全国の遺跡の状況から縄文時代の人口を割り出しました。こんな大胆な数字をよく出せるなと、みんなその勇気に驚いたのだけれど、具体的な数字が示されると、もっと正確に比べる方法がある、いやここはそうじゃないとい って新しい数字を示してくる人が出てくる。叩き台を示すという意味では、クリの利用についても仮の数字を弾いてもよいのかなと思います。

岡村　なんとなくですが、クリとクルミ、それからトチは、だいたい同じぐらいの割合で出ていますね、殻の量から見ると。

鈴木　そうです。だいたい均等ですよ。今までの話の流れだと、縄文人はクリばかり食べていたようなイメージを持たれたかもしれませんが、実際はそうでもないわけです。

林業の起源

夢枕　先ほど、クリは木材としての利用も早かったと伺いましたが、建材としてのクリのメリットは何なのでしょうか。

鈴木　生長が早いことでしょうね。たとえば三内丸山遺跡のあの六本柱の建物には直径一メートルを超えるクリの木が使われていました。きちんと測ったわけではなく、あくまで目測ですけれど、年輪の幅は一センチをゆうに超えています。一年で相当太く育っている。一〇〇年もたっていないのに、すでにそれだけの太さになっている。日当たりなどの条件を与えれば、それほど早く生長するのがクリなのです。

夢枕　自分の代に植えたら、ひ孫ぐらいの世代が伐り倒して利用する感じですね。

鈴木　そうですね。スギやヒノキで同じ直径の材を得ようと思ったら、年数が倍ぐらいかかります。生長が早いとはいっても、三内丸山遺跡のような巨大な建築物を建てる場合、植えた木を自分たちが生きている間に伐るのは無理。子孫に託さなければならないのです。

夢枕　自分たちの社会は安定的で、将来も今と同じ暮らしが続いているという確信がなければ、そのようなことはしませんね。

鈴木　現代林業にも通じることですが、クリの苗を植える、若木をケアして大きくするということは、未来のための作業なのですね。桃栗三年という言葉もあるように、食料としてだけならクリはすぐに利用できます。しかし、一抱えもあるような太さの材木に仕立てる場合、いくら生長の早い木でも三世代くらいの時間軸で見ないと準備ができない。

縄文時代の石斧を復元し、クリの木を伐ってみた。（写真提供／鈴木三男）

岡村　そこにも定住の大きな意味がありますね。ずっと同じ場所で暮らしているから、過去や現在、未来を認識できる。そこは鈴木さんとまったく同じ考えですが、ひとつ質問というか、確認しておきたいことがあります。利用価値の高い樹木は他にもありますよね。クルミも、トチも。これらの樹木は食用としてもたくさん利用されていますが、クリのように栽培されていた形跡がありません。どうしてだと考えますか。

鈴木　木材としての優位性はクリが飛び抜けていたからだと思います。

夢枕　大きく育つという理由だけではなく?

鈴木　クリ材のもうひとつの大きな特徴として、加工のしやすさがあります。とくに生木のときはとても細工がしやすい。これは広葉樹の中では断トツです。

岡村　石斧でも伐採しやすいし、割り加工もしやすいのですよね。割裂性《かつれつ》が非常によくて、まっすぐきれいに割れるのです。

鈴木　私は今、北海道で暮らしていて、暖房に薪ストーブを焚いています。北海道はシラカバがいくらでもあって、もったいないから薪にもするのですが、はっきりいって紙の集まりみたいなもので、あっという間に燃えてしまいます。そのくせ、斧で伐ったり、割ろうとすると大変なのです。

夢枕　シラカバって硬いですよね。

鈴木　へたをすると斧の柄が折れますよ。サクラはいい薪になりますが、割るときはやはり硬いです。石斧で伐採実験もしていますが、折れますね。その意味でクリはすばらしい。伐採も割るのも楽で、薪としての火力も十分にある。ただ、クリの薪は火にくべたときに爆《は》ぜやすいことだけが難点です。

夢枕　おいしい実もたくさんつける。縄文人にとってはスーパーツリーだったのでしょうね。遊牧民が育てた家畜を骨の髄まで食べるように、縄文人は育てたクリの木を徹底的に利用していた。そんなイメージが浮かんできました。

鈴木　さらに重要なクリ材の要素は、湿気に強いことです。防腐効果のあるタンニンを多く含んでいるのでシロアリや腐朽菌《ふきゅう》に侵されにくい。三内丸山遺跡の六本柱も、クリ材だから土の中にあれだけの年月残ることができたわけですね。

夢枕　クリの木がどれくらい材として使われていたのかというデータはあるのですか。

鈴木　あります。東京都埋蔵文化財センターの故・千野裕道《やすみち》さんの研究によると、南関東の縄文遺跡では建材の八割がクリで、炉の燃え残りの炭も四割はクリだったそうです。

食用と建材用のクリ林

夢枕　食用のクリの木と建材にするクリの木は共用だったのでしょうか。縄文時代のクリは栽培化が進むにつれて実が大きくなっている、つまり品種改良が始まっていたという話もあるそうですね。

鈴木　はい。各地の遺跡から出土したクリの実の大きさを指数化して比較してみると、ひとつの傾向が出ます。時代が下がるにつれて大きくなっているのです。わりと早い時期から晩期まで。最大級のものは現在の栽培グリの平均的な大きさと比べても遜色がないほどです。野山で野生のクリを拾ってみるとわかりますが、木ごとに実の粒の大きさやイガの割れる時期が異なります。そういうさまざまなクリの中から、大きなものを選抜しつつ、さらに日照の管理などをすることで大きな実がたくさんつくようにしていったのだと思います。一方で、非常に粒の小さな野生種、いわゆる柴グリと思われる実の皮がまとまって出ている遺跡もあります。里で栽培もしたし、山へも拾いにいっていたことがうかがえます。

たとえば新潟県新発田《しばた》市の青田遺跡。日本海側の砂丘の裏側の湿地帯にある遺跡で、森林帯のないところにできたむらです。そこでは大きな粒のクリばかり出る。移植して育てたのですね。ところが山のほうに近づくにつれ、遺跡から出るクリは粒の大きさがまちまちになります。より山側の遺跡、とくに数棟程度の小さな集落では粒の小さなクリばかりが出土します。自然の扶養力が高いので、わざわざ栽培管理をする必要もなかったのかもしれません。

夢枕　そういう集落の人にとって、栽培はかえって面倒だったのかもしれませんね。

岡村　食用のクリ林、建材用のクリ林というような植え分けの可能性はありますか。

鈴木　ゾーニングをしていた可能性も否定はできませんが、栽培の第一の動機は実を収穫するためだと考えています。収穫を効率よくしたいので、結果として密植気味なところからスタートしたと思います。クリ以外の木を伐り、草や蔓《つる》を取り除いて日照を確保する。先ほどもいいましたようにクリは植えてからかなり早く実をつけるので、木が若いうちは実を採取していた。木がある程度大きくなるとクリ同士が光を奪い合うようになります。競争によって伸びた幹がある程度の太さ……住居の柱に使えそうな幹直径一〇〜二〇センチになってきたら、普請のたびに伐ったのだろうと思います。今年は太郎さんの家の分、これは来年建てる次郎さんの分、というふうにね。

夢枕　とりわけまっすぐで育ちもいいものは、後世のために伐らないで残したという感じでしょうか。

鈴木　竪穴住居を建てるにしても何にしても、太さが上下なるべく同じで、すらりと長いものが木材の理想です。きれいである程度そろった材を用意したほうが、建築時の作業量、労力も少なくて済みます。そういうまっすぐな材は、どう管理すれば得られるかということも縄文人は当然知っていたはずです。先ほど岡村さんがいわれたように、人間が持っている本質的な考え、着眼点というのは同じですから。

岡村　実際、クリはどれくらいの規模で管理されていたと考えますか。

鈴木　三内丸山遺跡で得られたデータを総合すると、それこそ「そこいらじゅうにクリが生えていた」といってもよさそうです。

岡村　ある人は、実を採るクリと建材用のクリは違う育て方をしたはずといっていますが。

鈴木　そんな必要はなかったと思いますよ。繰り返しになりますが、樹齢のゾーン分けはあったでしょう。たとえば三〇年くらいまではもっぱら実を採り、それ以上の壮齢木になったら建材として利用していく。その間に間伐した材はもちろん建材として使う。このサイクルで栽培していたと考えたほうが無理はない。実を採るための栽培というご質問は、いわゆる樹形に独特の仕立て方があったのか、という意味でしょうか。

岡村　はい。そういうことも含めて。

鈴木　現代のクリ栽培は幹を三本に分岐させ実のつく枝を多くする仕立て方ですが、縄文時代はそのようなことまでする必要はなかったと思いますよ。まっすぐな材が取れる自然なままな姿にしておくほうが、トータルでは高いメリットがありますから。

岡村　なるほど。確かにその通りかもしれない。

縄文人と共生的な関係を結ぶ

夢枕　三内丸山遺跡の巨大な柱を見たとき、鈴木さんは当時このクリの木が生えていた場所の風景や、人々のこの木に対する考え方、思いのようなものをどんなふうに想像しましたか。

鈴木　統合のシンボルだったと思いますね。ひょっとしたら、それぞれの集落の巨大なクリの木をここに集めたのかもしれない、というような想像も湧きます。しかも、しょっちゅう建てたものではないはずですから、木が生えているときからそれなりの施業《せぎょう》というか、特別な感情を込めて見守ってきたように思いますね。

夢枕　逆に自分たちを見守ってくれる存在、生きているうちからトーテムと位置づけていた可能性もありそうですね。小説家的な考えではありますが（笑）。かなりしっかりした共通認識がないと、あれほど巨大なものは作れなかったと思います。尖石での鼎談（第四章）でも話題に出ましたが、そういう観点で岡村さんに重ねて聞きます。三内丸山遺跡の六本柱、あれは要するに御柱ですよね？

岡村　シンボル的な建築物と考えたほうが自然です。縄文時代に限らず、コミュニティーというのはみんなで相談し、みんなで助け合いながら働くことが基本だと思います。その統合の象徴として、巨木を使い苦労しながら大きな建物を建てること自体も祭りだったのではないでしょうか。諏訪の御柱の歴史を見てもそうですけれど、使う木の種類にはさほどの執着がない。太く立派な木で祭りを行うことに意味があったのですね。

夢枕　直径一メートルにも育つクリの木は、そうした要素も満たしたわけで、縄文人にとっては今の我われが思う以上に格別な木だったのでしょうね。鈴木さんの書かれた『クリの木と縄文人』の中で、ある記述に目が留まりました。クリの木が縄文時代に津軽海峡を渡っていたということです。北海道には本来クリは分布しておらず、本州から持ち込まれたものである。しかもそれは蝦夷地開拓の時代などよりはるか昔の縄文時代で、当時の人々が舟で運んで移植したということですね。

鈴木　はい。私たちはそう判断しています。花粉分析の結果を見ても、縄文時代前期よりも前の時代に、クリの木の花粉が出てくる遺跡は北海道にありません。花粉が検知されるようになるのは縄文時代前期以降で、地域は道南です。後期になると石狩低地まで分布が広がります。分布が青森側の三内丸山遺跡を含む円筒土器文化圏に重なっていることから、移植されたものと考えて間違いない。そのことは遺伝子の分析結果でも一致していて、北海道のクリは東北地方北部の太平洋側のクリ集団に由来することがわかっています。

夢枕　ユーラシア大陸の東、日本海側のあたりにクリの木はあるのですか。

鈴木　現在、日本と同種のクリの木があるのは朝鮮半島。中国になると種類の違う、いわゆる中国グリの系統になります。ロシア沿海州にはありません。

夢枕　鈴木さんの同じ著書によりますと、最終氷河期（七万年前～一万三〇〇〇年前）、クリは今の南日本の海岸部あたりにわずかにあるだけだったけれど、温暖化が始まると爆発的に分布が広がったという。人間、つまり縄文人がその分布の拡大を後押しした可能性はありますか。津軽海峡を越えたように。

鈴木　縄文時代の草創期、つまり地球温暖化が始まったころの広がりについては人間は関与してないと考えています。あくまで気候変動に伴う植生の変化でしょう。しかし、先ほどもいいましたようにまもなく人とクリは出合うべくして出合うようになりました。人間活動の広がりに伴いクリの分布も広がったことは事実だと思います。

岡村　つまり里山の起源ですね。

鈴木　縄文人と共生的な関係を結んだことで、クリが拡散に成功したことは間違いありません。獏さんの小説に出てくる寄生獣ではないけれど（笑）。

夢枕　クリも神のような位置づけだった可能性はありますか。

岡村　それは大いにあります。縄文人は、家を解体するときに抜いた柱の穴の中に焼いたクリの実を入れています。つまり儀式です。そういう事例がいくつもあります。トチの実の場合もありますが、クリが一番多い。今も神饌《しんせん》（供物《くもつ》）にはクリが入っているでしょう。

夢枕　正月の栗きんとんなども、ひょっとするとその名残でしょうか。日本人とクリの関係というのは、今もつながりがあるだけに非常に興味深いテーマですね。

第六章

漆文化のルーツ

ゲスト／鈴木三男（東北大学名誉教授）

是川中居遺跡出土の
漆塗り木製品（耳飾り大・小）。
（写真提供／是川縄文館）

漆は渡来の文化か

夢枕　クリのときにもお話をしましたが、お二人は非常に仲がよく、研究の面でも互いに影響を受け合ってこられました。漆についてもずいぶん意見交換されてきたと聞いていますが、ひとつだけ解釈の分かれるテーマがあります。今日の議論はおのずとそちらへ向かうはずですので、最初は縄文人と漆の関係をおさらいさせてください。

岡村　では歴史から概説します。かつて日本の漆文化のルーツは中国にあると考えられてきました。米作りも鉄器も含め、優れた技術はすべて大陸から伝わってきたもので、日本列島には先進的な文化は少なかったという考え方です。日本列島の人たちは常に大陸から教えられる立場だったとされてきたわけです。中国の漆芸は漢王朝（紀元前二〇六〜紀元後二二〇年）の時代にはかなり高いレベルであったことから、日本では漆器を作る人も研究する人も、漆は渡来文化だと固く信じていた時代がありました。象徴的な存在が仏具です。漆文化は仏教文化から発展したもので、その末端が日本の仏教芸術や漆工芸であるという解釈でした。

そのような偏見が正されるようになったのは、大正の末から昭和の初めに、縄文晩期の青森県八戸《はちのへ》市の是川中居《これかわなかい》遺跡で、おびただしい数の漆製品が出土したことがきっかけです。

腐朽の進みにくい泥炭層から、赤漆を塗った鉢、台付きの皿、赤や黒に塗って文様を施した弓、櫛や耳飾りなどの装身具、漆を濾《こ》した布などさまざまな漆関連品が出土しました。いわゆる亀ヶ岡文化圏に属する地域です。じつはこの付近を含め、東北地方ではその後、鎌倉時代以降も地域独自ともいえる漆器文化が続いてきたのです。

夢枕　東北地方には、今もいくつかの漆器産地がありますね。鎌倉時代の東北といえば、人々の生活や思考の中に、まだ縄文的な気配が色濃く残っていたことでしょうね。

岡村　そう思います。歴史年表の時代区分を全国一律にあてはめるのは間違いで、地域によって文化の受容や変化に時間差があります。時代というのは定義にもよりますが、一斉に変わったわけではないのです。表やグラフで示されるような形で単純に突然切り替わったものでもない。東北の場合も、生活文化の視点で見ると、ここから弥生が始まった、ここからが奈良時代、平安時代、鎌倉時代になったと単純にはいえないのですね。そして、縄文的文化も消えてはいないのです。そのことを象徴するのが漆です。

鈴木　私自身は福井県若狭町の鳥浜貝塚の調査が縄文の漆との最初の接点ですが、日本の考古学史上、最初に漆製品の出土が確認された遺跡はどこになりますか。

岡村　やはり是川中居遺跡ですが、埼玉県さいたま市の真福寺貝塚も早いです。是川中居遺跡とほとんど同じタイミングで見つかっていて、時代も同じく縄文晩期です。

夢枕　それらの漆製品は木の器ですか。

岡村　木製品だけではなく、浅鉢や壺形に竹の類で編んだ籠へ漆を塗った籃胎《らんたい》漆器や、ケヤキの木の樹皮で曲げ物を作り、それに赤漆と黒漆をきれいに塗って曲線模様を描いたりもしています。是川中居遺跡がある八戸市には、櫛引《くしひき》八幡宮という鎌倉時代に創建された神社があります。じつはその神社に残っていた漆器と是川中居遺跡から出土した漆器は、文化的な関連性を感じずにはいられないほど雰囲気がよく似ていているのですよ。

鈴木　ちなみに是川中居遺跡から出た漆器の器胎《きたい》（木地）を、後にケヤキの樹皮と同定したのは私です。

夢枕　おお、それはすばらしい！

岡村　戦前は年代観がまだしっかりしていなかったし、東北という地域に対する偏見も少なからずありました。伝世のいい漆器があっても、そんなすばらしい技術はよそから伝えられたに決まっているという思い込みがあり、縄文にまでルーツを遡ってみようという発想自体が専門家の間で起きなかったのです。

夢枕　縄文晩期というと、何年前くらいになりますか。

郵便はがき

料金受取人払郵便

神田局承認

8977

差出有効期間
2020年8月
6日まで
(切手不要)

101-8051

050

神田郵便局郵便
私書箱4号
集英社
愛読者カード係行

『集英社インターナショナル』
新書編集部用

お住まいの 都道府県	年齢　　　歳 □男　□女

ご職業
1.学生［中学・高校・大学(院)］ 2.会社員 3.フリーター 4.公務員 5.教師
6.自営業 7.自由業 8.主婦 9.無職 10.その他（　　　　）

●お買い上げ書店名

インターナショナル新書 愛読者カード

インターナショナル新書をご購読いただきありがとうございます。今後の出版企画の参考資料にさせていただきますので、下記にご記入ください。それ以外の目的で利用することはありません。

◆お買い求めの新書のタイトルをお書きください。

タイトル（　　　　　　　　　　　　　　　　　　　　）

◆この新書を何でお知りになりましたか？

①新聞広告（　　　　新聞）　②雑誌広告（雑誌名　　　　　　）　③書店で見て
④人（　　　　）にすすめられて　⑤書評を見て（媒体名　　　　　　　）
⑥挟み込みチラシを見て　⑦集英社インターナショナルのホームページで
⑧ＳＮＳで　⑨その他（　　　　　　　　　　　　　　　）

◆この新書の購入動機をお教えください。

①著者のファンだから　②書名に惹かれたから　③内容が面白そうだから
④まえがき（あとがき）を読んで面白そうだから　⑤帯の文に惹かれたから
⑥人にすすめられたから　⑦学習や仕事で必要だから
⑧その他（　　　　　　　　　　　　　　　）

◆この新書を読んだご感想をお書きください。

＊ご感想を広告等に掲載してもよろしいでしょうか？
①掲載してもよい　②掲載しては困る

◆今後、お読みになりたい著者・テーマは？

◆最近、お読みになられて面白かった新書をお教えください。

岡村　三〇〇〇年前くらいですね。

夢枕　漆はそれくらいまで遡れるということですか。

岡村　まだ続きがありまして。その後、北海道函館市の垣《かき》ノ島《しま》B遺跡から、まさに常識を塗り替える古い漆製品が出土したことから、日本列島のほうが中国大陸より古いぞという話になってきたのです。なんと今を遡ること九〇〇〇年前です。縄文時代の早期中葉です。

鈴木　漆塗りの衣装でしたね。ヘアバンド、肩パッド、肘当て、腕輪、膝掛けのような。

岡村　定住が始まったばかりのころのむらの墓から出土したものでした。全身を漆製品のファッションで飾られているところを見ると、埋葬されていたのはただの人ではなく、シャーマンのような立場の人だったと考えられます。

日本列島の漆製品は世界最古

夢枕　かたや世界でいうと、漆製品というのはどのくらい前のものが最古なんですか。

鈴木　中国の浙江《せっこう》省に河姆渡《かぼと》遺跡という今から六五〇〇年ほど前の遺跡がありまして、そこから赤漆の椀が出ています。垣ノ島B遺跡から見つかる以前は、河姆渡のものが世界で一番古い漆製品だったこともあって、漆文化は大陸から日本列島に伝わったという説が補強されてきたわけですね。

岡村　そうです。河姆渡はそのころすでに稲作をしていたので、その発達した長江文化の影響で、縄文漆器文化が始まったと考えられていました。

鈴木　その後、中国ではもう少し古い時代——八〇〇〇年ほど前の河姆渡文化期以前の漆製品も出土しているのですけれど、北海道・垣ノ島B遺跡の九〇〇〇年前よりは一〇〇〇年ほど若いですね。

岡村　その後も北海道からは漆製品が何例も出ています。鈴木さんがお住まいの標津町《しべつちょう》からも出土していましたね。

鈴木　私が定年後に移住した標津町には伊茶仁《いちゃに》チシネという遺跡があり、そこの住居の中から漆の装飾品が出土しています。私は何年も前から実物を見ていますが、ぼろぼろで、正直たいしたものではないと思っていました。ところが、つい先日、あらためて発掘時の報告書を見て驚きました。出土時はものすごく立派な製品だったのです。

夢枕　発掘後に劣化して状態が悪くなってしまったということですか。

鈴木　保存方法が悪かったのですね。元はどういうものだったかというと、糸が帯になっているのです。真田紐《さなだひも》のように縦糸と横糸で帯にしているのではなく、まっすぐそろえて

是川中居遺跡出土の漆塗り木製品・竪櫛。
（写真提供／是川縄文館）

帯状にした糸を漆で固めてある。ヘアバンドのようなものと両腕の腕輪みたいなのがセットで出てきています。先日、実物をもう一回見にいってサンプリングもしましたけれど、もうぼろぼろになってしまっていて。発掘当時は、こういう遺物の処理や保存方法がよくわからなかったのですね。

夢枕　繊維を漆で固める技法というのは一般的なんですか。

岡村　北海道で見つかっている古い時期の遺跡からは、繊維に漆を含浸《がんしん》させたものばかりです。じつはこうした技法は中国の出土品にはないのです。向こうでは木の器胎に漆を塗ったものが少しあるだけです。

夢枕　漆器の技術は、どこで生まれ、どう伝わったのでしょうか。今のお話を整理すると、漆は稲作や仏教にさきがけ、縄文時代の日本列島に到来していたと考えられていた。ところが、北海道の垣ノ島B遺跡というところからはるかに古い漆器が出土して、技法も違っていたことから、日本列島には独自の漆文化が大陸に先行する形であった可能性が高いということですね。となれば、逆に日本列島の漆の技術が大陸に伝わった可能性も無視できないと思うのですが、そのあたりはどうですか。北海道だと樺太《からふと》を経由すれば大陸との行き来もそう難しくなかったように思いますが。

鈴木　そういう仮説も成り立つわけですが、そうであるなら、樺太から漆製品が出てきてもよさそうです。ところが、今のところそのような報告はないのです。

夢枕　それは掘ってないから出土していない、ということではなく？

岡村　可能性は否定できないのですけれど、大陸で確認されている最北の漆文化は、地理的には日本の東北と同緯度地域……北緯四〇度のあたりまでです。しかも遡ることができるのは漢の時代ぐらいまで。

鈴木　岡村さんに質問。伊茶仁チシネ遺跡にしても、垣ノ島B遺跡にしても、縄文時代早期という位置づけですよね。北海道の縄文早期というのはどのあたりまで広がりを持っているのですか。樺太まで行っていますか。

岡村　いえ、樺太までは伝わっていません。縄文文化と認識されるのはほぼ北海道まで。

鈴木　具体的にはどのあたりまで確認できているのですか。

岡村　島でいえば歯舞《はぼまい》。それから色丹《しこたん》までは縄文文化圏内ですけれど、国後《くなしり》にはありません。中継地の可能性として名前のあがった樺太も、文化的には縄文ではありません。

夢枕　それは漆だけではなく、他の縄文的な要素のものが何もないということですか。たとえば竪穴住居も出ていないとか？

岡村　竪穴住居とか、人や犬の埋葬方法のような送りの習俗などでは、縄文とつながる要素もあります。ですが、縄文土器や石鏃《せきぞく》、石匙《いしさじ》、土偶など、縄文文化に固有の要素は樺太以北ではそろわないのです。竪穴住居は北東アジアからカムチャツカ、千島列島にもありますが、日本の東北や北海道のものとは形式が違いますし、その他の縄文文化的な要素も見られません。さらに要素を加えるとしたら漆を使ったかどうかです。現状では、縄文文化圏より北からも、沖縄と南西諸島からも漆は出土していないのです。

日本列島独自の新石器文化

夢枕　黒曜石は、確か日本列島のものがロシアまで行っていると聞きましたが。

岡村　黒曜石は旧石器時代から樺太に行っています。ということは人の交流はあったということですが、大陸側の文化的要素を塗り替えるほどの影響力は、縄文にはなかったということでしょう。

夢枕　前からひとつ聞きたかったことなんですが、世界的に見れば縄文というのは新石器時代と同じ区分ですよね。日本だけが新石器時代を「縄文」と呼んでいるのは、国際的に不便ではないのですか。

岡村　ご指摘の通りです。ではなぜ、ずっと縄文という用語を使い続けているかというと、東アジアの一番端にある、海に囲まれた日本列島の新石器文化は、大陸と比べると非常に特異なものであるという意味が込められているのです。土器を使い定住を始めた。弓矢を使うようになった。磨製石器が増えるといった要素が新石器時代の定義ですが、日本の新石器時代の文化は極めて個性が強いことから、象徴的な土器の文様をとって「縄文」と呼ばれてきたわけですね。先ほど話しましたように、この縄文文化は、南は屋久島から、北は北海道、そして歯舞、色丹まであり、それより南と北には広がっていません。じつは漆も、縄文土器に匹敵するほどの文化的固有性を持っているのです。

夢枕　縄文という言葉が歴史的にどう使われてきたかというニュアンスから振り返ってみると、戦中の皇国史観のもとでは縄文の研究は冷遇されてきたわけですが、戦後、そのオリジナリティーに光が当たりだすと、今度は別な民族意識のような雰囲気の中に取り込まれているように感じるのですが。そもそも縄文時代は国家意識なんてないわけだし、現代の多くの日本人は直接の子孫でもなさそうです。変じゃないですか。

岡村　そうですね。縄文時代というのは遅れた暮らしの象徴とみなされてきたきらいがあります。その反動でしょうか、近年は縄文文化の独自性や基層性などがクールジャパン的なムードの中で歓迎されているような傾向はあると思います。けれど縄文時代の人々を一律に「縄文人」と呼んでいるのは我われ現代人だけで、当時の人たちはそういう意識は持たずに各地に文化圏を形成して暮らしてきたわけですから。改めて縄文人とは何か、そのルーツや現代人とのつながりなどを整理して考えなければなりませんね。

夢枕　日本人は昔からすごかったんだという感覚はまちがいですね。

岡村　すごかったのは縄文人です。先ほど獏さんは、日本だけが新石器時代を縄文と呼んでいるのは不便ではないのかといわれました。私は、数々の独自性を持った日本列島各地の新石器時代の文化を一括して縄文と呼びたいですね。

鈴木　独自性のひとつの象徴が、土器であるということですね。

岡村　日本列島で最初に使われた土器は、文様のない器です。

鈴木　無文土器ですね。

岡村　その無文土器が生まれるひとつのきっかけは、鈴木さんのご専門である植生の変化です。クリのような多くの植物性食料が確保できる広葉樹の森が形成されると同時に、シカやイノシシのような森林性の鳥獣が捕れる環境に変わった。それらをごった煮にする調理器具として発達したのが土の器です。

鈴木　移動しなくてもよい暮らしになったから、壊れやすい土器は家財道具としての存在感を増したわけですね。

岡村　土器は日本列島で誕生したという人もいますけれど、それは少し言い過ぎです。およそ一万五〇〇〇年前に始まった温暖化以降、世界的に広葉樹林帯が広がりますが、その林縁に、自然発生的といってよいような土器誕生のゾーンができたのです。これが世界最古の土器たちで、タイプの多くは今、鈴木さんのいわれた無文土器。口は平らで、機能的には現在の鍋みたいなものです。では、縄文土器とは何か。縄目文様が多いことや縁が波打っていたり、突起が付くことが多いといった特徴のある土器のことです。文様は単調ではなく、非常に複雑な装飾になっている。実用性、合理性を考えると、こうした飾りや突起はむしろ邪魔です。なくても実用には変わりがないのですから。でも、そうしたむだに思えるようなデザインにこだわっているのが日本列島の縄文文化で、これほどのスピリットを持った土器は他の文化圏では見られないですね。

ウルシという木の起源

夢枕　日本列島固有ともいうべき新石器時代的要素の筆頭が、アーティスティックな変容を遂げた土器であると。そして漆も、それに次ぐような文化的要素を持った存在であるということですね。では、その漆文化の源流はいったいどこにあるのか。お二人の考えはここではっきり異なるようです。鈴木説をかいつまんでいうと、ウルシは本来日本列島には自生していない木で、大陸から人為的に持ち込まれて増えていった木であるとされていますね。漆器作りの技術も、ウルシという植物とともに大陸から持ち込まれたものだという説です。一方の岡村説は、ウルシは日本列島にもともと自生し、その木が傷ついたときに出す液の特性に縄文人が早くから気づいて使うようになったという考え。つまり列島独自の源流を持った文化であると。最近、ネリー・ナウマンという日本学の女性学者の本をパラパラ読んでいますが、彼女は、どんな文化も孤立的には存在しないといっています。世界史的な流れの中では必ず何らかの関連性を持っていて、縄文もそういう枠組みでとらえるべきであるみたいな言い方をしてます。
そこでお二人にあらためてお尋ねします。今の調査段階では一〇〇〇〇年を超える開きがあるにしても、中国大陸にも日本列島にも漆文化があった。これは事実です。それらの文化は独自に生まれて発達したのか。あるいは一方から影響を受けたものなのか。僕自身は、それぞれが独自にウルシの木の特徴に目をつけ利用し始めたというより、何か関連がある、つまりナウマンもいっている伝播だという気がするのですが。

鈴木　先ほどもお話に出たように、世界最古の漆製品というのは北海道の垣ノ島B遺跡から出た九〇〇〇年前のものです。九〇〇〇年も前のものは今のところその一例だけですが、七〇〇〇年前の縄文前期になると、北海道、それから東北、北陸などさまざまなところから漆製品がたくさん出土しています。製品としての漆は、縄文時代の前期には当たり前とはいいませんが、日本列島にかなり広く行きわたっていたことは間違いないわけです。年代も中国最古の漆製品の年代より遡りそうだと。中国での調査は非常に限定的なので、これからより古いものが出土してくる可能性はありますが、どちらが古いか新しいかということには、じつは私自身はあまり興味がないのです。
漆器というのは、まずウルシという植物があることが前提です。さらにその植物から樹液を採る技術。被膜として固めるための技術。そして、できあがったものを大切なものとして使っていったり、受け継いでいく感性のようなものをセットにして考えていかないと、漆の歴史や文化を解明したということにはならないと思うのです。その中で今までよくわかっていなかったのが、前提であるウルシの木の出自です。ウルシとはいったい何ものなのか。私は植物学者ですから、考古学もやりながら分布の面から人と漆の関わりについて研究してきました。そこから導かれた結論としては、日本列島には本来、ウルシの木は分布していなかった。これは大陸から人が持ち込んだものであるということです。

岡村　私も持論を述べさせていただきたいと思いますが、中国最古の漆文化の遺跡である河姆渡や跨湖橋《こ こきょう》からの出土品は、少数の木製品にだけ塗られています。それを一〇〇〇年ほど遡る北海道・垣ノ島B遺跡から出た漆製品も、時代的にはやや下がるけれど伊茶仁チシネ遺跡から出たものも、繊維に塗ってある。時代的な古さから、そして技術的な固有性を見ても、私は中国の真似をしたものではないと思っています。日本の漆文化は日本列島で独自に発生したのだろうと。河姆渡と垣ノ島Bなどでは、器胎の素材が違うだけでなく、塗り方も違います。縄文の漆は見えないところにもしっかりと漆を塗り込み、しかも重ね塗りをしている。

夢枕　それは今の漆芸と同じ技術ですよね。

岡村　つまり今の日本の漆芸の源流は縄文にある。私はそう考えます。縄文時代も下塗りがしっかりしてあり、砥《と》の粉のようなもので目止めをした例もあります。そして最後に赤漆を塗っているものが多い。多いもので五層くらいまで塗り重ねが確認できます。そういう丹念な塗りは古代中国の出土漆器には見られません。関連性が感じられない塗りなのです。確かに中国での調査というのはほんのスポット的で、これから本腰を入れて調べれば新たな漆製品は次々に出てくるでしょう。けれども、河姆渡などより一〇〇〇年も歴史を遡る、垣ノ島Bクラスの年代のものは中国からは見つからないだろうと思っています。

夢枕　日本列島の漆塗りは独自のものだとすれば、ウルシの木も日本列島に最初から生えていたという考えが前提になりますね。

鈴木　今、岡村さんがいわれたことは一面ではまったく正しいと思います。つまり双方の技法には根本的な違いがあると。けれども、大本の部分に目をやるとどうでしょうか。ものに漆という液を塗って強度なり美的装飾性なりを与えることで製品化しているところは一緒ですよね。根っこたる文化が、いつの時代かにどこかで生まれた。その後、枝が分かれるように異なる地域で発展していったという考え方はできると思うのです。では、その文化の軸となるのはどの地域なのかということです。これについて、私はあくまで漆の起源は中国大陸であると推測します。

といっても、漆というのは謎だらけ。私も中国の新石器時代の漆製品を見てきました。話に出た跨湖橋、河姆渡などですね。その次に古いものに良渚《りょうしょ》文化期（日本の縄文時代中期くらい）の漆器がありますが、塗膜構造は岡村さんがいわれた通り、非常に単純です。単純だけれど多彩な漆製品が出てくるわけですね。菱形文様を黒と赤で作った刀の柄とか。それらは、私の感覚だと日本の弥生時代の漆製品の塗り方とそっくりです。縄文の漆は独自に発展してきて、先ほどいわれたように塗膜構造が複雑です。何層も塗り重ねて表面がテカテカに輝きを発する赤漆の製品が、縄文晩期になると膨大な数になってくるわけです。ところが弥生になると、その赤く美しい漆製品がパッとなくなり、一転してザラついたような黒い漆製品になるわけですね。弥生の到来とともに日本の縄文漆は変容していくのです。けれど、その弥生時代の漆器に——あえてここではそういいますが——先がけて列島独自の漆文化があった。これらをどう説明すればいいのか。わからないことばかりです。

夢枕　漆器の表現的衰退は土器と似てますね。今まで非常に芸術的だったものが簡略化されていく。実用性が重視されるというか、効率的であることが善であるとするような価値観の変化。

岡村　弥生時代の半ばに中国、朝鮮半島経由で北九州・山陰に入ってきた大陸系の漆文化は、東日本を中心とした漆とは違っていました。下地はどんなものでもいいし、表面だけきれいにしておけばわからない、そういう手抜きの文化に変わっていくのです。

移植定着説の根拠

夢枕　鈴木さんの人為移植説の根拠を、もう少し具体的にお伺いしたいです。

鈴木　植物学的な立場からすると、日本列島にウルシの木が自生していたことを裏づけるデータは一切ないのです。クリの話のときにいいましたように、クリの場合、最後の氷河期が来る前の温暖な時期には日本列島にクリが自生していたという証拠がたくさんある。つまり化石が出ているわけです。ところがウルシに関しては、仲間であるウルシ科の化石証拠はあっても、ウルシという種類に関しては一切見つかっていない。ウルシ科のウルシに近いものは、ウルシ、ヤマウルシ、ハゼ、ヤマハゼ、ツタウルシ、ヌルデの六種類があります。以前は木部の組織や花粉を比べても違いをはっきり特定できませんでしたが、近年分析の精度が上がり、よく似た種類でも種の違いがわかるようになった。その技術をもってしても、日本列島に人間が棲み始める前までの地層からウルシの化石は確認できていません。これも重要なことですが、日本列島の現在の山野にも、明らかに野生といえるウルシは生えていないのです。分布状況を精査すると、すべてかつて栽培していたウルシの名残です。これらが第一の根拠。

岡村　ちょっと反論していいですか。今の見解はひとつの見方に過ぎないと思うのです。もともとよりウルシの分布は、中国の長江中上流域から東北部だというのが定説ですが、寒い気候への適応力そのものはあるわけですよね。鈴木さんたちの調査でも日本の東北地方と変わらない北緯四〇度くらいの遼寧省《りょうねい》には自生地があると報告されている。仮に垣ノ島B遺跡の漆製品に使われたウルシのルーツが大陸から移植されたものだったとしても、定着できるのは適応性があるからですね。

鈴木　だったら日本に自生していた可能性もあるといいたいのでしょうが、中国の場合もどこにでも生えていたわけではなく、自生できるのは限られた環境です。同じ東アジアの温帯域でもやや内陸の乾いた場所で、気温のあまり高くない疎林帯。他の木と厳しい競争をしなくてよいような乾いた場所に生えています。

私と明治大学の能城修一さんたちが行った遺伝子調査で、ひとくちにウルシといっても大きく三種類のタイプに分けられることがわかりました。湖北省・河北省に分布する「湖北・河北省型」と、日本、韓国、中国の遼寧省、山東省に分布する「日本型」、そして山東省と浙江省に分布する「浙江省型」です。遼寧省ではウルシの自生地はあるものの、漆が利用された歴史がない。私は、遼寧省のウルシはひょっとしたら戦時中に日本軍が持ち込んだものではないかと思っています。我われは、日本のウルシは山東省由来のものだと考えています。

岡村　今から一二万五〇〇〇年ほど前に起きた下末吉海進《しもすえよしかいしん》（海進＝温暖化により海水面が上昇し海岸線が陸側に移動すること）の時代からは、ウルシ属の化石が見つかっているわけですよね。

鈴木　属レベルなら確かに出ています。でも、現生種と同じウルシは出ていません。

岡村　今と同じような環境の時代だから、日本列島に残存種があったという可能性を考えてもいいと私は思うのです。あるいは、もうひとつ前の温暖期の地層を調べたら、ウルシの化石はあるのかもしれない。もっとたくさんの植物化石や花粉を、新しい方法で属・種レベルまで調べてほしいですね。

夢枕　まだ見つかっていないけれど、可能性を信じたいと。

岡村　垣ノ島B遺跡の九〇〇〇年前から七〇〇〇年前までの北海道の漆文化というのは、私には本州から北上したものとは考えられません。北海道で独自に誕生して本州へ広がった漆文化だと考えています。しかも大陸の漆文化より高度な技術を持っている。その樹液の素材的な特性が認識されるには、そこにウルシという木が生えていることが前提ですから、どこよりも古い漆製品が出土している北海道には、相応の時代からウルシの木があったと考えるのが自然ではないでしょうか。

鈴木　岡村さんも常々いわれるように、我われは出土したもの、あるいは状況証拠でしか事実を語れません。日本列島に自生した証拠がこれから見つかる可能性は否定できませんが、もうひとついわせていただきたい。私はウルシの木自体は日本列島に自生していなかったという考えをとりますが、漆文化は日本のほうが古い。誰かが想像を絶する昔に海を越えて持ち込んだとしか考えられないわけですが、だとすれば移植の目的は何か。それはやはり樹液を利用するためだったろうと。漆文化と一緒に木を持ってきたという考えが一番自然だと思うのです。では、それがいつだったかということです。

夢枕　植物体としてのウルシの存在は、日本列島ではいつくらいから確認できるのですか。

鈴木　鳥浜貝塚の縄文時代草創期――正確には一万二六〇〇年前の定住生活が始まって間

もないころの地層から、ウルシの木が出ています。ウルシ属の種間識別が可能になってから、前述の能城修一さんが過去の出土資料を再調査した結果わかった事実です。

夢枕　ウルシの木が定住まもなくあったということは、縄文成立の境目にもあったかもしれないということですね。日本列島に自生していたという説も捨てがたいです。

鈴木　いえるのは、縄文草創期の鳥浜貝塚周辺にはウルシの木が生えていたという事実だけ。人間が生やしたか、勝手に生えたかは我われにもわかりません。

人間が管理しないと枯れてしまう

岡村　そこで重要なのは、鈴木さんがいみじくもいった、定住への変化が始まったばかりの時期にウルシの木が生えていたということです。漆製品は安定した定住生活で使われた祭りの道具です。鳥浜貝塚の縄文草創期の地層からは漆製品は出ていませんし、将来的にも出ないと思います。出土するとすれば、やはりむらが成立する約九〇〇〇年前以降の地層でしょう。鳥浜から出土したウルシの木は、むら社会の成熟度という見地から照らしても、漆液を採取して祭祀の道具に塗るためのものではなかった。だとすれば、わざわざ移植する意味も見当たりませんから、私は自生のものだと考えます。

鈴木　私は植物学的見地から、今はあくまで大陸からの渡来説を採りますが、目的もなくわざわざ海を渡って持ち込まれることはない。利用する文化とセットでなければ意味がないですね。それにしても時代が早いな、という実感はあります。

岡村　今まで、漆については塗料を前提として話をしてきましたが、塗りにいたる前段階の気づきとして、接着剤としての利用の可能性はあります。

鈴木　その説には賛成します。石器を柄に固定するときは接着剤があったほうが便利です。

岡村　実際、縄文時代の鏃《やじり》には漆が付着したものが多いですし、旧石器時代の細石刃《さいせきじん》にも茶色い膠《にかわじょう》状の物質が付いていることがあります。木の槍先の外側に溝を彫り、その中に小さく割った石刃をたくさんはめ込んでノコギリ状にし、切れ味のよい槍や鎌のようにしています。固定には接着剤が用いられたでしょう。ただ、接着剤としての漆の利用が確認できるのは縄文時代早期からです。

鈴木　そもそも旧石器時代の気候の中ではウルシは存在できませんから。

岡村　それはほんとうですかね。氷河期の日本列島でも、ウルシが自生している現在の中国大陸に似た、乾燥した温暖な時期もありましたよ。

鈴木　世の中、多数決がすべて正しいとは思ってはいませんが、これまでの日本のすべての植物分類学者は、ウルシは日本のものではなく大陸から来たものだと認識してきました。根拠は日本本来の自然植生の中にない樹種だからです。生えてはいるけれど、それらはすべて大陸から持ち込まれて広がったものであるというのが植物学の世界の定説です。定説が覆ると痛快です。私たちは、そういう期待も密かに込めて、中国・長江の中上流域を中心に何度もウルシの調査に行きました。向こうでウルシの自生地を見てきて、その環境の中でウルシがどういう位置に立つ木であるかを確かめました。自生地はすべて乾いてまばらな雑木林で、ウルシはその中に混在していました。

夢枕　中国では栽培もされているわけですね。

鈴木　はい、ウルシの植林もあります。日本では、江戸時代から各藩の特用産物として山のあちこちにウルシが植えられました。昭和三〇年ごろまでは栽培がものすごく盛んでした。今、産地はごく限られていますが、かつてウルシが植えられた山林というのは東北地方を中心にたくさんあり、そこには今もウルシが残っています。原産地と日本の大きな違いは、そういったところに生えているウルシの木の年齢分布です。中国の森林には年老いたウルシも壮齢のウルシも、幼樹もあります。つまり森の中で実生の種によって世代交代をしている。ところが、日本で自然林と呼ばれているところにウルシは生えていません。

理由は、日本の森林は原産地より温暖で湿度が高いため、植物間の競争が厳しいのです。人が目の届く範囲で管理をしないと、他の木に光を奪われて枯れてしまうのです。ですから、ウルシが見られるのは人家に近い里山です。日本でのもうひとつの特徴として、実生の幼樹をまず見ることがありません。ウルシは漆液を採り終わっても根っこがずっと生きています。こうした根から新たに伸びる苗は勢いがあるので勝ち残りやすいのですが、自然の幼樹をほとんど見ないということは、種から芽生えた実生苗は、湿潤で鬱蒼《うっそう》とした緑の中では生き残るチャンスがほとんどないということです。帰化植物というのは圧倒的な勢いで増えるイメージがありますが、多くの場合、

掻き傷がある現代のウルシ林（茨城県奥久慈地方）。

人間が手を加えたことによって在来の植物が空白化した土地ではびこっているのであって、森林地帯だと道端沿いにはチョコチョコ生えていても、森の奥までは侵入できません。深い森の中では日本列島本来の植物しか生き残れないのですよ。ウルシは、光を奪う他の植物を刈り取るなど、人がかいがいしく世話をしてきたからこそ群落を作ることができたのです。

夢枕　でも、人間が持ち込んで管理すれば定着できるということは、それなりに日本列島の自然条件には適していたということではないですか。ある時期、列島内の非常に狭い範囲で残っていた自生種を、縄文人が見つけて増やしたという可能性はありませんか。

鈴木　縄文時代、地域によってはそういう環境――つまり中国大陸の自生地と同じ環境がありえたという考えは否定できないのですが、現状では証拠がまったくありません。

岡村　今の獏さんの質問は非常に重たいものです。縄文時代に自生種としてわずかに残存していたのではないかという考えは、ありうると思いますが。

鈴木　わずかな残存種だった野生のウルシは絶滅したけれど、栽培化によって生き残ってきたということですか。それも完璧に否定する材料はありません。ただ繰り返しますが、可能性は否定しないけれど、もともと日本列島にウルシが自生していたということを積極的に支持できる証拠なりデータがないとね。

漆の技術はどこから?

夢枕　可能性のことをいいだしたらきりがなく、やはり今あるもので判断しなければいけないというのはわかります。ウルシの木の化石が縄文時代より前はまったく出土していないというのも、それはそれでやっぱり重い事実だと思います。この鼎談会場へ来るまでの車の中で岡村さんが鈴木さんに「新しい資料は見つかっていないよね?」って聞いていましたね。それはこの論争のための確認だったのだろうけれど、お互いに隠し玉は持ってないようですね。

鈴木　すごく新しい話ではないけれど「じつは」というくらいの情報はありますよ。むしろ岡村さんが喜ぶほうの「じつは」かもしれません。中国では今のところ、新石器時代の低湿地遺跡を掘っているのは浙江省しかありません。他の地域はカラカラに乾いた場所の遺跡しかなく、状態のいい出土品が少ない。浙江省では私も十何年関わっている田螺山《でんらさん》遺跡があって、その時代は河姆渡遺跡と同じです。同様な遺物が出ているのだけれども、漆のお椀は出ていない。そのかわり円筒木器という不思議なものが出てきます。直径十数センチ。長さは短いもので三〇センチ、長いもので四〇センチ。空洞で完全に筒抜けになっているのもあれば、片側に底があるのもある。あるいは、途中に丸く削った板をはめて底にしたものなど、タイプはいろいろです。

夢枕 それは何年前くらいのものなんですか。

鈴木 今から七〇〇〇年前くらいです。縄文時代でいうと前期の始まりぐらいですね。その円筒木器の中に、何点か黒漆を塗ってあるのがあった。ところが赤漆がひとつもない。

岡村 知っています。私も見にいきました。土器にも漆を塗っていましたけれど、赤漆がないですね。もうひとつ、建物の装飾板みたいなものにも漆を塗っていますが、漆は顔料を入れない黒漆のままです。そういう意味では、縄文の漆文化とはまったく違うし、技術的には低いレベルだと感じました。

鈴木 私の見立てでは、あの塗り方は弥生時代の漆の塗り方と一緒です。日本の縄文漆とは全然別物だということについては、私も賛成。

岡村 弥生の半ばに、田螺山と同じような黒いシンプルな漆製品というか技法が、朝鮮半島の楽浪郡《らくろう》を通じて日本に入ってきています。そうした漆器が定着したのは北部九州から山陰付近ですが、縄文漆の文化はほとんど伝わっていませんでした。その漆の希薄な地域に中国系の技術文化が弥生時代になって直接入って受容されたと考えてよいと思います。縄文時代に相当する朝鮮半島の低湿地遺跡でも、漆製品はまったく発見されていません。

夢枕　北海道のほうが古いという事実はどのように考えたらよいのでしょう。

鈴木　垣ノ島B遺跡を含め北海道には縄文時代のかなり早くから漆器があったわけですが、日本列島における漆の技術は、北海道から始まったともいいきれません。岡村さん、西日本の縄文遺跡からは漆は出ていませんね。

岡村　島根より西では北部九州にたった一点あるだけです。だから、仮にウルシが大陸原産だとして技法も向こうから伝わったものとするなら、可能性は北回りしかないと思うのですよ。遼寧省にはウルシがありますよね？

鈴木　遼寧は分布地ではありますが、先ほどいいましたように漆文化はないです。岡村さんがいいたいのは、たとえば北海道に野生のウルシの木があり、それが遼寧省や本州にもたらされたということですか。

岡村　一万五〇〇〇年前の寒冷期、つまり旧石器時代の最後には、同緯度帯にある中国大陸と同様に日本列島にもウルシは生育していたのではと考えています。なかでもいち早く北海道で漆文化が誕生したのでしょう。そして、北海道から本州へと伝わった。現時点ではどんなルートも仮説でしかないのですが、私は北海道源流説を採りたいと思います。

鈴木　いや、北海道には自生していなかったと思いますよ。話題を最初のころに戻すと、縄文前期の北海道の漆製品が、いつどこで生産されたものなのか、それをはっきりとテーマに据えて研究していく必要はあると思いますね。

夢枕　そこから出てきたものだからといって、そこで作られていたとも限らないということですか。

鈴木　そうそう。とくにシャーマンが持つような呪具については、そうです。というのは、やはりそういう道具は人から人へ受け継がれていく伝世品の性格も持っていたでしょうし。

夢枕　よく似たものが、格闘技団体のチャンピオンベルトですね。チャンピオンベルトはずっと団体内で伝えられていきますけど、組織が分裂したり潰れたときは、最後にチャンピオンだった人が持って出るんですよ。その後の運命はいろいろです。たとえば力道山が持っていたインターナショナルのベルトは、いろいろな人の手に渡り、今はどこかの民間人が持っています。

鈴木　先ほど話に出た是川中居遺跡の場合は、制作過程を示す遺物も出ています。さらに東京都東村山市の下宅部《しもやけべ》遺跡、これは縄文後期ですが、河道に打ち込まれた杭に漆の採取痕のあるウルシの木がたくさん使われてます。でも、世界最古の垣ノ島B遺跡から出ているのは製品だけです。岡村さんの「北海道にウルシの木が自生していたのではないか」という論は、さまざまな謎の辻褄が合う話なので乗りたいのは山々なのですが、何度もいいますように今の植物学的見地からは否定せざるをえません。

ただウルシは、植えれば北海道北部でも定着できます。たとえば網走の小さな公園にはウルシの木があります。安政年間（一八五四〜六〇年）に会津藩士が北方警備のためにオホーツク一帯へ駐屯するわけです。実質的には開拓ですね。そのときに、会津からウルシを持ってきて植えたという記録があり、その根から再び芽吹いた子孫木だと思いますが、今でも生きています。

夢枕　会津と北海道だったら、それほど生育条件に違いはないような気もしますが。

鈴木　いや、網走の寒さは会津の比ではありません。移植はウルシにとってかなり過酷であることに変わりありません。網走では近年「網走うるしの会」という団体が作られ、その公園のウルシの木から取った種から後継木を育てようと試みたらしいのですが、何度播いても種は発芽しなかった。そこで岩手県二戸《にのへ》市の浄法寺《じょうぼうじ》から苗を取り寄せ、山林に植えたところ定着した。その後、大きくなったウルシの木から漆を掻き、塗り物を作ってきました。

夢枕　種を播いても芽生えないということは、その地では生き残れないということですね。

鈴木　ところが、後日談がありまして。近年は北海道も温暖化の影響を受けるようになり、発芽適温の範囲になったのか、ウルシの種から芽が出るようになったっていうのです。

ウルシのミッシングリンクを埋めるには？

岡村　東北などの産地ではウルシの木をどうやって増やすのですか。

鈴木　基本は種です。もうひとつ、分根法といって掘り上げた根っこを短く切って植えると、そこから芽が出てくる。分根法は一〇本とか二〇本の苗を作るのは簡単ですが、一〇〇〇本単位の苗になるとたいへんな作業量になるので、浄法寺などは基本的に全部種による実生です。それに対し、徳島とか香川のように面積の少ない栽培地では分根法です。

岡村　種は簡単に運べますしね。

鈴木　いわれたように種を巾着袋に入れて運べば移植は簡単です。問題は、どこからどこへ、どのように運ばれた結果、縄文の漆文化はできたのかということ。

夢枕　岡村さんと付き合うようになってだんだんわかってきたのは、すごく理詰めのところがありながら、ファンタジーが入るところですね。たとえば発見されていなければ断定できない、といいながら、ウルシの木は日本列島に自生していなかったという鈴木さんの説に食い下がる。学問の中に期待的仮説がポロッと紛れ込むところが、人間的でいいなあと思って聞いているんですけど。

岡村　私は石器から入った考古学なのですよ。鈴木さんは植物からの考古学。本来の学問領域が違うので、異なる見解があるのは当たり前だと思います。まあ、考古学に限らず学問というのはある種の屁理屈ですから。

鈴木　はい。能書きを垂れて、その説得力を競う。

岡村　でも、それだけでは面白くないのですね。学問の部分はあくまでも学問だけど、ファンタジーの部分は自分自身のロマンです。縄文という学問を基礎にしながら、どこまで当時の人間の心を読み解くことができるか。私はものに興味があるのではなく、もの作りに関わった当時の人間の思いを知りたいのです。

夢枕　ここまでの話を整理します。まず世界最古の漆製品は北海道の垣ノ島Bという遺跡の墓穴から出土したシャーマンが身に着けていたもので、素材は糸を帯状にして漆で固めたもの。これはその時期の本州にはない独特の作り方である。また、本州の縄文漆器は中国にもない塗りの独自性を持ち、特徴のひとつが現在の漆器と同じ重ね塗り技術であると。ウルシの木そのものは縄文草創期の福井県鳥浜貝塚などから出土しているが、縄文時代より前のウルシの木の化石は見つかっていない。そして日本に生えているウルシは遺伝的に中国、朝鮮半島のものと同一であると。本来、日本列島に分布しない植物でありながら、利用は大陸よりもかなり先行している。一応、この議論にある程度の決着をつけるため再確認しておきますが、今後どのようなものが出土すればそのミッシングリンク（輪の欠損）は埋まるのでしょうか。

鈴木　それは化石ですね。木部でも、花粉でも、種でも。もうひとつは、中国の遺跡からかなり古い時代の漆器製品なり痕跡が出ることです。

岡村　その通りです。地理的、歴史的に、ある程度連続した形で確認できればいいですね。

夢枕　そもそも漆の魅力というか価値は縄文人にとってどんなものだったのでしょう。縄文時代の漆器には顔料を混ぜた赤漆が多く使われているということは、不老不死とか再生への願いのようなものも感じ取ることができそうですが。赤、つまり丹《に》は水銀のことで、中国では古代から不老不死の仙薬として知られています。

岡村　漆の語源は麗《うるわ》しだといわれていますね。そして赤は再生、血の色だと思います。

鈴木　やはり美しさでしょうね。縄文人にとって、漆を塗ったものはとても大切なものでした。たとえば漆塗りの飾り弓がたくさん出てきます。糸を巻いたりして模様をつけ、そこに漆が塗ってあります。部分的に赤と黒を塗り分けたりして。非常に美しいので、今までは儀式に使われたものと見られていた。それに対し丸木弓というのがあります。白木弓ともいいます。何の飾りもない、丸木をそのまま枝をはらって、皮を剝いたり、あるいは部分的に残していたりした無垢《むく》の材です。これは簡素なので実用の狩りに使った弓だと考えられてきたのです。ところが、最近の理解はまったく逆になっています。実際の猟に使うのが朱塗りの弓で、白木の丸木弓のほうが祭りのときなどに使う弓だというのです。一回しか使わない、今の神社の捧げものと同じだと。

岡村　やはりそうですか。

鈴木　では、何のために漆を塗るのか。装飾性という話は誰でも理解する。だけど弓を強くするという意味でも漆はものすごく優秀なのです。ニシキギ科ニシキギ属のマユミという低木の名前は真弓から来ています。縄文時代の遺跡から出土する、いわゆる飾り弓といわれてきた漆塗りの弓材の九割ぐらいはこのニシキギ属の仲間です。それも芯を避けて削って作っている。ガチガチに硬くて反発力のある木材です。しかも精巧。そんな道具をお供えものにしたとはやっぱり思えない。これはもう飾りではなく狩りという実戦の道具だろうし、狩人の魂であっただろうと。武士における刀のような地位ですね。弥生時代の東海地方では白木の丸木弓がいっぱい出てくるのですけど、じつは全部イヌマキという針葉樹なのです。私は実際にイヌマキを図面通りに切って弓にしたことがあります。弦を張って飛ばしてみると、一〇メートルも飛びません。

夢枕　そんなに飛ばないのですか。

鈴木　ネズミも捕れない程度の力。イヌマキ材の白木の弓は実用品ではなく、こちらが祭祀用の弓だったことは間違いありません。

夢枕　見方を変えると新たな事実が浮かび上がる可能性があるという意味では、漆にも我われの今の想定を覆すような真実が潜んでいる気がしますね。

第七章

天然の接着剤「アスファルト」

アスファルトで補修された痕のある
土偶「縄文ぽいん」。
（写真提供／御所野縄文博物館）

アスファルトの産出地

夢枕　縄文時代、それもかなり早い時期から漆が利用されているというお話を伺いましたが、似たような用途の存在としてアスファルトも注目されているそうですね。アスファルトといえば、僕はミイラを思い出します。紀元前三〇〇〇年くらいの古代エジプトでは、ミイラを作る際に防腐剤としてアスファルトが使われていたという話を聞いたことがあります。あるいはノアの箱舟にも防水剤に使われていたとか、いないとか……。日本列島の縄文時代にも接着剤として使われていたという話は断片的に知っていましたが、近年新たなことがわかりつつあり、岡村さんの研究人生で最後のテーマでもあるとのこと。今回はそのアスファルトについて伺いたいと思います。その前にまず、アスファルトとはなんぞやというところから教えていただければと。

岡村　ふだん歩いている路面の舗装材を思い浮かべますが、厳密には、今のアスファルトと縄文時代のアスファルトでは由来が違います。道路工事などに使われている現在のアスファルトは、原油を精製する過程で残った黒い粘着性のある物質です。これを接着剤というか充填剤にし、砕石と混ぜて雷おこし状にして転圧をかけたのが舗装道路です。

一方、原油が出る地域ではアスファルトは自然に存在します。たとえば海外にはアスフアルトレイクというアスファルトが湧き出る湖があります。防腐性があることから、古代に誤って落ちて死んだ動物の骨がよい状態で見つかることがあります。日本では古代には燃土《もゆるつち》、近代に入ってからは中国に倣い土瀝青《どれきせい》と呼びました。日本では石油が採れた地域はわずかですが、そうした場所の近くからは、泥炭層の窪地に砂や植物遺体とともに沈澱したアスファルトや、鉱脈の隙間の原油が熱変成を受けて固形化したアスファルト・タイトが採取できます。原油の精製が始まる大正時代までは、日本でもこれら天然のアスファルトを舗装や水道の防水工事に使っていました。

アスファルトには、常温でも液状のものから固形化したものまでさまざまなタイプがあります。縄文人が利用していたものは、常温で固形化するタイプです。ふだんは塊ですが、加熱すると、どろどろに融けます。再び冷えると固まるので、この性質を利用します。産出地は、新潟県の上越から山形、秋田県にかけての日本海側と、北海道道南の渡島《おしま》半島、石狩平野、最北の宗谷丘陵にかけての帯状の地域です。いずれもかつて国産原油の産出で知られた地域でもあります。

夢枕　縄文人がアスファルトを使っていたということがわかったのはいつごろですか。

岡村　日本の考古学が始まった明治時代です。当時は秋田県の昭和町（現・潟上市《かたがみ》）でしか採れない素材だと考えられていましたが、アスファルト自体は、その後、東日本以北の縄文遺跡から広く見つかっています。最も古い利用例では今から七〇〇〇年ほど前。当初は産出地から直接掘り出して使っていたと考えられていましたが、最近、産出地周辺の集落で加工されてから流通に乗せられていたことがわかりました。

夢枕　アスファルトの加工というのは、精製のことですか。

岡村　そうです。加熱して融かし、砂は沈澱させ、植物遺体のようなごみは鍋のアクとりの要領で浮かせ、純粋なところだけを分離しているのですね。加熱によって揮発成分も飛ぶので、固形成分が濃くなり固まったときの強度が増します。悪臭対策だと思いますが、住まいからやや離れたところに工房を作り、そこで精製しています。アスファルト産出地の秋田県二ツ井町《ふたついまち》駒形《こまがた》から二キロほどのところにある烏野《からすの》上岱《うわだい》遺跡では、約六×五メートルの竪穴建物の中で、炉を中心に四つの土器が出土しました。いずれも内面にアスファルトが付着したり、満たされていました。外面の縁にはアスファルトが滴り、融かしたのちに他の容器へ分けて移した様子が見てとれます。器面も熱を受けて変色していました。

アスファルト産出地から一〇〇キロ以内くらいまでの縄文遺跡では、小分け用の土器やアワビの貝殻に満たしたアスファルト、アスファルト塊がたくさん出土するケースがあり

アスファルト塊とパレット土器片。(写真提供/御所野縄文博物館)

ます。そういった集落は物流の中継拠点的な役割を担っていたと考えられます。

アスファルトの主な用途

夢枕　アスファルトは、縄文時代には極めて有用な天然素材だったと想像できるのですが、具体的にはどんな用途に使われていたのですか。

岡村　一番多く使われているのは鏃《やじり》と矢柄《やがら》の接着ですね。細いひもで結んだ上からアスファルトを塗って固めてあります。鏃の先が当たったときに獲物の毛皮を貫通させる力は、柄の重さと直進性、そして発射スピードで決まります。当たったときに鏃がぐらついていると突き刺さる力が逃げるので、固定は重要な作業だったと考えられます。槍先の装着も同じです。

夢枕　アスファルトは漁具にも使われていたのではないですか。

岡村　はい。鏃の接着とともに高い率で使われているのが、魚を突く銛《もり》やヤスの固定です。木の柄に取り付けるときにアスファルトで固めています。次いで多い用途が、網のオモリとして使う石錘《せきすい》。これを結び付けるとき、ひもが脱落しないようにアスファルトを塗って石と接着しています。釣りバリと釣り糸を固定する際にも、同様の考えでアスファルトが使われているケースが見られます。

夢枕　我われ釣り師が「チモト」と呼んでいる部分ですね。そうか、縄文時代は接着していたんですね。今の釣り糸の主流はナイロンの単繊維で、伸縮するため結び目がよく締まり、糸だけでも釣りバリにしっかり固定できるんですよ。ナイロンが登場するまで、釣りの世界では蚕の仲間の蛾の幼虫から絹糸腺を取り出し、酢につけながら伸ばし固めた本テグスという糸が使われていました。透明な単繊維で、これも接着しなくても結ぶだけで固定できたんですが、テグスの源流というのはじつはよくわかっていないんですね。

岡村　ほう、虫から作る繊維ですか。テグスというのは、そういうものだったのですね。

夢枕　今のところ、テグスの歴史は江戸時代までしかたどれません。中国から輸入した薬種の包みを密閉する梱包ひもが透明で強かった。それを小さな孔を開けた鉄の板に通し、少しずつ細く磨いたのがテグスで、本来はリサイクル品だった。大坂の問屋街から出たものを、淡路島あたりで加工して、鳴門の鯛釣り漁師に使わせたところ、ものすごくよく釣れて漁業に大革命を起こした。これは確か民俗学者の宮本常一の調査報告です。

しかし、テグス以前の釣り糸の主流がなんだったのかは、じつはよくわかっていないんです。日本列島にも絹糸腺を持つ蛾はいて、山国では子供たちが幼虫から絹糸腺を取り出して釣り糸にして遊んだという話はよく聞くので、僕は縄文時代にまで遡れるのではないかと密かに思っていました。女性の長い黒髪で釣っていたという説も僕としては捨てがたいのですが。

岡村　種類までは特定できていませんが、植物繊維と思われる圧痕がアスファルトの表面に残っているものもあります。

夢枕　繊維を撚《よ》って作ったような糸は、結んでも締まりにくいんです。釣っているうちに抜けてしまうリスクがある。現代の釣り糸の中でも、強度を最優先した新素材には、伸びのない撚り合わせタイプの糸があります。こういった糸でハリを結ぶ場合、瞬間接着剤を使ったりする人もいます。魚がかかったのに糸からハリが抜けてしまうことほどくやしいことはないですから。三本のハリを一緒に結んで錨型《いかり》にしたアユの友釣り（囮《おとり》を利用した釣り）のハリも、最後に接着剤で固めないと不安です。縄文人も、いわゆるすっぽ抜けのトラブルは嫌だったんでしょう。釣りバリと接着ということに関していいますと、ひとつ大きな疑問があります。岡村さんが名誉館長をされている奥松島縄文村歴史資料館では、折れた釣りバリをアスファルトでつないだものを展示していますね。昔の人はものをとても大事にしていたというような解説がつけられていたと記憶しますが、あれは実用の釣りバリなんでしょうか。僕は、U字の中央から折れてしまったような釣りバリは、いくら鹿角製で軸が太かったからといって、アスファルト程度の接着力では再使用には耐えられなかったと思うのです。負担がかかりすぎて使ったらまた折れるはず。どう思われますか。

岡村　獏さんがご覧になった例というのは、正確にいえば軸部とハリ先の折れ口をただ接着しただけではなく、両者を連結する溝を彫ってひもで結わえ、そこもアスファルトで固めたものだったはずです。他にも最初から別々に作った軸部とハリ先の部分を組み合わせ、アスファルトで固めた結合釣りバリもあります。ただ、そういうものは出土数が少ないですし、実際の強度も検証されていないですね。アスファルトは温度で硬さが変わり、たとえば塊を手の中でずっと握っていると軟らかくなってきます。我われは鏃では検証実験をやりました。十分な強度があることが認められましたが、季節は気温の低い一一月でした。

真夏の炎天下だと接着強度はどう変わるのか。細かい条件下での実験まではやっていません。釣りバリに関しても同様です。釣り糸との結節に関しては十分な滑り止め効果、そして防水効果もありますが、折れて補修した場合の効果は確認していません。

夢枕　じつはそういう話をしたのは、釣りバリは呪具だったのではないかということをお尋ねしたかったからなんです。実用のために修復したのではなく、他に別な意味があったのではないかと。海幸・山幸の神話では釣りバリと弓矢を交換しますが、あれは呪術のやりとりですから、その源流が縄文時代にあったのではないかと。二〇一七年に亡くなったハワイ在住の人類学者の篠遠喜彦《しのとおよしひこ》さんによると、ポリネシアでは骨角製の釣りバリは霊性のシンボルだったそうです。現代の釣り人も、よい釣りをしたときのいわゆる当たりバリやルアーの種類には強い思い入れがあり、特別視します。そういったメンタリティーは縄文時代からあったと考えるのは自然なことで、修繕された釣りバリから繙《ひもと》くことができればと思ったのですが……。

説明できなくなった土偶破壊説

岡村　アスファルトを使った土偶の補修例では、じつに興味深いことがわかり始めました。

遺跡によっては三割以上の土偶にアスファルトで修復した痕跡があるのですよ。

夢枕　以前も話をしました（第四章）が、土偶は壊れて出土しているケースが多いので、わざわざ破壊していたという説もありますね。

岡村　そうではなかったことが、アスファルトの研究から明らかになってきたのです。

夢枕　破壊説というのは、確か足や腕、首、そういうところがよく壊れているので、何か意味があったのではないか、儀式的な行為の結果ではないかという話ですね。

岡村　たとえば国宝に指定されている、青森県八戸市の風張《かざはり》1遺跡の合掌土偶。今は復元されていますが、出土時は手足がばらばらの状態で見つかっています。その折れ口をよく見ると、すでにアスファルトで接着した痕跡があったのです。つまり、祭壇から落ちるなどして壊れたものを、大切に補修しながら祈り続けてきたことが示唆されたのです。酒のような液体を注いだ注口土器も、折れた口の部分をアスファルトで継いだものが多く見られます。こうした特別な土器の修復率は、一般的な用途の土器よりもはるかに高率。アスファルトが示すこれらの事実は、土偶は壊すことを目的に作られたとする従来の破壊説とは嚙み合わないのです。

夢枕　とても大事なものが壊れてしまった。そのまま捨てるのではなく、アスファルトでくっつけて大事にしてきたというのが事実ではないのか、ということですね。僕は陶芸をするので、その気持ちがなんとなくわかります。たとえばコーヒーカップの持ち手のようなところって作っている最中から壊れやすいんですよ。焼く前に取れても、焼いてから取れてしまっても、思い入れがあるのでなんとか直して使い続けられないかと考えます。それと、土偶がしばしば、足や手、首から欠けている理由もわかります。分割して作っているからですね。パーツ同士を接合する場合、粘土をどろどろにした「ドベ」というものを間に挟んで圧着するんですが、完全には一体化していないので、焼き上がり後もウイークポイントになります。ですから、強い力が加わるとそこから欠けやすい。

ばらばらの状態で出土した風張1遺跡出土の国宝・合掌土偶。アスファルトで接着した痕がある。
（写真提供／是川縄文館）

岡村　たとえば力を入れて意図的に石などで土偶や土器を叩くと、そのポイントから破壊が広がり、打撃痕も残ります。しかし、単に地面に落とした、倒したという程度だと、くびれなどの弱い箇所から壊れます。

夢枕　アスファルトの考古学的価値は、接着という行為やその痕跡を見ることで、これまでになかった視点を浮かび上がらせ、縄文人のものの考え方や技術、暮らしぶりの一端を新たに示したということですね。

次々と明らかになる小さな謎

岡村　考古学では、わかっているようでじつはよくわかっていないことが多いのですよ。たとえば石匙《いしさじ》と呼ばれてきた突起がついたナイフがあります。さまざまな用途説がありましたが、突起にアスファルトが付着していて、ぶら下げるためのひもの痕跡が見つかりました。その痕跡から、携帯用のナイフだったことがわかってきました。鳥のクチバシ型をした嘴状《くちばしじょう》石器も、基部にアスファルトがまんべんなく付着したものが見つかったことから、柄に差し込んで固定し、先端を使ってものを切り裂いた道具だったことが推定できました。尖頭器とか不定形石器などと呼ばれていた槍先形の石器は、使い方も石器としての分類も曖昧なままでしたが、一方の側面にアスファルトが広く付着していたことから、革や木の握りを取り付けて使う横長のスクレイパー（皮をなめしたりするときに使う掻器《そうき》）であることがはっきりしました。アスファルトは、まさに学問の謎をつなぐ接着剤でもあったのです。

夢枕　縄文の暮らしの中で、アスファルトはどういう価値の存在だったのでしょう。

岡村　北東北から北海道では、縄文前期末から後期末まで、アスファルトの塊が、実用品である鏃や槍、石斧の原材料などとともに墓に入れられています。副葬品は、あの世でも暮らしに困らないようにという意味あいで入れられることもありますので、現世でもかなり重要な生活必需品として位置づけられていたと考えてよいでしょう。

夢枕　交易の範囲はどれくらいだったのでしょうか。漆の場合はウルシの木を植えて増やすことができたので、常に地元で確保できる資源でした。しかし、アスファルトはどこからでも出るものではないので、限られた資源ですよね。

岡村　産出地、あるいは精製地からアスファルトがどのように運ばれ、遠い集落まで届けられたか。アスファルト関連の遺物が出た遺跡を地図上に記していくと、流通範囲と交易道があったことが浮かび上がります。第三章でとりあげたようにすでに黒曜石や翡翠などでは、川沿いや峠などの歩きやすく効率のよいルートが使われていたことがわかっていました。アスファルトの道もこうしたルートにみごとに重なっています。また、縄文時代の道というのは、私たちが思っている以上に幅が広くしっかりした構造で、おそらく賑わいもあったと考えられます。さらに近年わかりつつある主要道路は材木や石を敷いて道の基盤を作り、その上を粘土や土器片で舗装までしています。インフラを整備して、物流と情報のネットワークを確保していたことを示しています。このような基幹的なルートや交易道が後に街道となり、現在の地方道、国道あるいは鉄道へと発展したのです。私たちの暮らしは今も縄文に重なっているのです。

道南から産出したアスファルトは、舟を使って津軽海峡を南下、北東北の太平洋岸部へ直接運ばれていたようです。アスファルトの流通エリアは黒曜石や翡翠より狭く、分布が見られるのは東日本以北です。縄文晩期では亀ヶ岡式土器の文化圏内で、わかりやすくいうと同じ言葉が通じる人たちの範囲でやりとりされていました。たとえていえば東北弁の通じる範囲。そういう文化圏だけで流通し、使われていた資源でした。

なぜ西日本までには行かなかったのか。おそらく、代用品があったからだと思います。漆でも接着はできました。従来アスファルトと考えられていた付着物を科学分析にかけてみたら、漆だったということもあります。松脂《まつやに》が使われていた可能性もあります。縄文の遺物から松脂はまだ確認されていませんが、時代が下がった弥生時代後期の西日本で、石剣の基部に白いものが付着していた例があり、分析すると老松脂《おいまつやに》と呼ばれる、より粘着性の強い松脂である可能性が高いことがわかりました。アスファルトがなければ接着作業は不可能だったわけでもないのです。動物の皮や腱に含まれるコラーゲンの強い接着力を活かした膠《にかわ》も使っていた可能性があります。腐ってしまって残らないので使っていた証拠はないのですが、北方民などの民族事例を見れば、縄文人も使っていたと考えたほうが無理はありません。

夢枕　接着剤として使えるものはすでにいくつか存在し、アスファルトは絶対必要な資源というわけでもなかったということですね。というより、合成化学の生まれる前の時代は身近な自然の中に存在するあらゆるものの中から、暮らしに使えそうなものを注意深い観察力で見つけ、利用してきたんですね。

岡村　そしてそれら資源の価値が、流通距離に反映された。翡翠は原産地の糸魚川から北は礼文島、南は沖縄まで行っていますが、たとえば塩などはそれほど遠くまで行っていません。塩を煮詰めた製塩土器の分布でわかります。では内陸の縄文人は塩を摂取していなかったのかというとそうでもない。以前にもいいましたが、調味料としての塩をわざわざ手に入れなくても、塩分の濃い魚介類の干物や海藻を摂取していればそれなりに間に合うわけです。いずれにしても、交易・運搬における塩の順位はそう高いものではありませんでした。

夢枕 価値の順位としては翡翠であり、黒曜石であり、アスファルト。さらにその下に塩。暮らしの中におけるステータスに応じて流通する範囲も決まっていた。塩に関していえば、交易というほどの視点でとらえることはないということですね。ところで、縄文時代のアスファルトには、接着剤以外の用途はなかったのですか。

岡村 顔料としても使われていました。土器や土偶に模様を描くときに使ったり、漆と併用していました。漆と混ぜると黒い色に深い光沢が出るのです。まさに漆黒になる。目的はわかりませんが砂鉄を混ぜたアスファルトの塊も見つかっていて、CTスキャンを使った分析なども行って、なんのために混ぜ、どう使ったかを調べているところです。防腐剤的な塗料としての用途も考えられないではありません。たとえば丸木舟の防水、防腐。縄文時代の木の舟は全国で一七五艘ほど出土していますが、残念ながらアスファルトを塗った確証はありません。鳥取県でひとつだけ、舟の壊れたところに穴を開けて補修した例があり、穴に黒いものが付着しています。まだ分析調査をしていませんが、アスファルトである可能性はなくもない。ただ、山陰は縄文のアスファルト文化圏の外なのです。

夢枕 うーん、アスファルトだと思いたいところですね（笑）。

岡村 弥生時代になると、島根で漁具にアスファルトを使った例が出ています。となれば、縄文時代の舟の補修に使った可能性がまったくないわけではない。木材にしてもアスファルトにしても、縄文人は素材の特性というものをすでに知り尽くしていたはずです。鳥取の例を、獏さんはアスファルトだと思いたいといわれましたが、このケースの場合はともかく、そういう用途にも使っていたであろうと考えるほうが自然でしょうね。いずれにしても、考古学は、目の前に出てきたものでしか語ることのできない学問ですので、今後も根気よく調べ続けたいと思います。

第八章

縄文の神々

マムシをかたどった中部高地特有の土器。茅野市尖石縄文考古館にて。

縄文ユートピア社会説

岡村　獏さんが小説の中でテーマにされてきた宗教家が空海ですが、私は、彼が記した言葉の中には当時の日本に残っていた縄文的なものの考え方が反映されていると思います。そのひとつが草木国土悉皆成仏《そうもくこくどしつかいじょうぶつ》。そこのところをぜひ詳しく教えていただきたいなと。

夢枕　再々この対談で風呂敷を広げていますが、僕はこれから縄文の神の小説を書こうとしています。そのキーワードのひとつが、まさに草木国土悉皆成仏という言葉なんですね。もともとは『涅槃経《ねはんぎょう》』の言葉ですが、日本では空海が最初に広めました。その後、円珍や親鸞もいい始めました。心がない国土や草木にも仏性があると。六世紀ごろに中国で生まれた思想で、仏教の源流であるインドにはなかったものです。

僕はこの言葉と出合って、日本の神の歴史は縄文にまで遡れるはずだと直感しました。空海は日本古来の「記・紀」以前の神々がどのように生まれ、崇められてきたかということがおそらく直観的にわかっていた。この国に仏教を浸透させるにはどうすればよいか。注目したのが草木国土悉皆成仏です。空海は古い神々と仏教との整合性をはかる根本原理を、この言葉に見つけたのだと思います。空海は縄文である、というのが僕の考えです。

岡村　そういう発想は、私たち考古学の世界からはまったく出てこなかったものなのですけれど、今まさに各地の縄文遺跡から、そうした精神性の存在を匂わせる状況、あるいは片鱗のようなものが見つかりつつあります。ところが、それらをきちっととらえ、俯瞰し、そこにはスピリット、すなわち今につながる精神文化があったのだという論にまで発展していかないのです。物証主義の考古学は、そもそも心を論じることが苦手です。これまでの学問の隙間が埋まるような、日本列島に住んできた人々の心のありよう、哲学、宗教観あたりの意見を聞かせてほしいと思います。

もうひとつ、ぜひ聞いておきたいことがあります。このところ何年間かお付き合いさせてもらうなかで、最近の縄文研究で明らかになった成果をいろいろお伝えしたつもりでした。その過程で、小説家として何か感じられたこと、あるいは考えが変わったということがあれば、教えてください。というのも、私は研究者人生の総決算期に入っていて、縄文人の心について自分なりに結論を出さなければと思っているのです。私は、縄文は真の意味で合理的であり、かつ平和的な社会で、今でいう持続的な文化だといってきたのですが、そんなユートピア的な社会ではなかった、実際は生々しくて今よりも厳しい社会だったという批判もあるのです。一緒に遺跡を歩き、縄文に関する議論をしてきた中で、獏さんは私のいうユートピア社会説をどう思いましたか。

夢枕　岡村さんに初めてお会いしたのは、東日本大震災の翌年ですよね。それまでも僕は縄文に興味を持っていたんですが、専門家とお会いして詳しいお話を聞かせていただいたのは初めてでした。僕は以前から、縄文文化というのは世間一般が持っているイメージ、あるいは我われの世代が教科書で習った内容よりは、ずっと発達していただろうと思っていたんですよ。粗末な小屋で、髭《ひげ》ぼうぼうで暮らしている人たち。貧しく遅れた暮らしを送っていた人たちというようなイメージで、常に稲作の普及する弥生時代と比較されてきた。だけど僕自身は、縄文の人々はそうじゃなく、ある部分では弥生の人々よりも優れたものを持っていただろうと考えていたんですよ。文明的にも精神文化的にもね。岡村さんにいろいろ教えてもらう中で、縄文というのは自分が想定していたレベルよりもさらに上をいくものであったことがわかったのが成果でしたね。

一番驚いたのは翡翠のような硬い石の珠《たま》に孔を開ける方法です。あんな硬い石に、あんな小さな孔をどうやって開けたのか。答えは植物。篠竹のような細い環状の棒に砂をつけながら回して開けていたと。なぜそれがわかるかというと、作りかけの珠に管の形が残っていた（七〇頁写真）。つまり、リング状のへこみと細かい擦り傷があったというわけですが、このリング状に削っていたという事実に、なるほど！　と納得がいきました。僕は、単に硬い棒とか鹿の角のようなものを加工してゴリゴリやっていたと思っていたんですが、そういった加工技術だけを見ても、すでに多くが最高水準に到達している。

大珠作りから見えてきたのは、専門職がいたであろうということですね。鉱物の中でも屈指の硬さと粘りを持つ翡翠を、シンボリックな形に成形し、孔を開け、磨き上げて完成させるまでには相当な時間がかかったはずですから、そこにはおのずと分業のようなシステムもあっただろうと考えます。分業は、社会全体が複雑な機能を備えていなければ生まれないはずです。翡翠に孔を開ける技術、あるいは翡翠そのものの位置づけを見ても、食うことだけを考えながら日々の暮らしを送っていた人たちとは思えないのです。

岡村　おそらく協働のような要素もあって、みんなで何かひとつのものを作り上げていくこと自体に、喜びや「意」を分かち合っていたような気がしますね。

火焔《かえん》型土器の装飾は何を示すのか

夢枕　火焔型土器の装飾にもグッとくるものがありますね。先に述べたように僕は陶芸をかじるのですが、その拙《つたな》い経験から見ると、縄文土器そのものが相当にすごい技術なんです。大きさに対してのあの薄さ。それから、すばらしく均整のとれた丸み。轆轤《ろくろ》を使ってもそう簡単にできるものではないのに、手びねりでそれを生み出していた。火焔型土器のデコレーションになると、求められる技術はより高度で、誰もが作れたとは思えないのです。芸術的なセンスもさることながら、強い思いというか、個人や社会が文化的信念のようなものを共有していないと作りえないものではないかと。

岡村　ところで、私は以前（第二章）、土器は女性が作ったといいましたが、獏さんはどう思いますか。

夢枕　僕は男かなという気もしますけどね。根拠はあんまりないんですけど。まず、粘土はかなり重いので、採取場から掘り取って運んでくるにもそれなりの労力が必要だったはずです。粘りを調整する練り込みにもけっこうな力がいります。仮に分業というものがあったと考えるのであれば、たぶん筋力が強い男の役目だったのではと。岡村さんが土器は女性が作っていたという説をとっている根拠をもう一度教えてください。

岡村　まずは民族事例です。二〇世紀に入ってからも、わずかではありますがアフリカや東南アジア、南米に太古の生活文化を色濃く守る村落がありました。土器も作っているのですが、作り手の多くは女の人なのです。それが根拠のひとつ。もうひとつは手の大きさ。口がすぼまった壺のような器を作るときも、中まで手が入らないとだめですよね。手が小さい女性でないと入らない細い頸《くび》のものも多い。女性の指のほうがやりやすい。それから、土器には表面に指の跡や指紋が付いてることがありますけれど、指の大きさや指紋も女性特有のパターンだといいます。指紋のことは私の専門外ですけれど。

夢枕　壺の口は細いので男の手が入る入らないという話でいうと、僕はその部分の技術に関しては男女の手の違いは関係ないかなと思っています。僕らの経験では、壺型の陶器って手の入る大きさで作って内側を磨いておいて、その後に頸を外から絞る作業に入るので、手の大小というのはあまり関係がないんです。轆轤で一気に挽き上げる場合も、ひも状にした粘土を一段ずつ積んでいく場合も変わらないんじゃないかなあ。

岡村　私たちは形になったものをしばらく陰干しして、ある程度固まってき

国宝の火焔型土器。煮炊きに使われていた。
（写真提供／十日町市博物館）

たときに比較的堅いもの、たとえば篦《へら》のようなもので磨くというふうに考えているのです。

夢枕　大きなものだと、乾かしながら積んでいたと思うんですよね。縄文土器は大きさのわりに肉厚が薄いので、水分を飛ばしながら作っていかないと自分の重みで潰れてしまう。かといって最初から堅い粘土を使うとひもがひび割れます。いずれにしても、内側の光沢は最後にまとめてというよりも、そのつどつけていたと考えるほうが自然だと思うんです。

岡村　なるほど。その見方も尊重しましょう。確かに証拠については私自身が吟味したことではないので、今後調べてみたいですね。ただ、民族事例というのは考古学全般でかなり有力な根拠ですから、女性が作っていたというのは間違いないと思います。

夢枕　根拠はないのですが、子供も土器作りに携わっていたということは考えられませんか。今の中学生くらいの子供たち、というイメージですが。日本の専門職でいうと、五歳、六歳でもう歌舞伎の舞台に上げたりするじゃないですか。土師師《はじし》という職業が登場するまでは、子供のころから相当器作りをやらされていたとは思うんですよ。

岡村　昔は七歳から一三歳くらいで大人の仲間入りですからね。確かに、それを今日的な目から見ると子供が作っていたというような話になる。人間は子供のころから何らかの形で労働に関わっていたはずなので、男か女かということは別にして、土器作りにも参加していたことでしょう。でないと技術は伝承しませんからね。

夢枕　ただ、火焔型土器の装飾などになると、技術的にもイマジネーション的に見ても、子供や若者には無理だと思いますね。相当な手練《てだ》れでないと作りこなせないはずです。

岡村　想像力だけで作れるような水準の土器ではないですからね。たとえば突起や文様の割り付けは四分割しています。それもちゃんとバランスをとって配置しています。なかには五分割しているものもあります。普通だったら、ただ単純に五つに展開していくと、どこかで辻褄やバランスが合わなくなる場合があるはずです。ところが、突起から破綻なく文様を描き、単位化しているのです。また文様はどんな絵柄でもいいわけではなくて、そこにはたとえばアイヌ文様に見られるような渦巻き、それを四つキャンバスの上に展開するというような約束事ができている。勝手に表現していいわけではないのです。火焔型土器の表現には、物語性というか、意味がありそうです。子供の自由な発想、あるいは芸術家の奔放な技法、そんなもので表現された性質のアートではない。自由なように見えるけれど、社会的な統一性のもとで厳格に表現されている。では、約束事であるその文様はいったい何を意味しているのか、ということですよね。

文様そのものが神話

夢枕　僕は、ああいったものは基本的には職人の作るものだと思います。職人としての役割は脈々と受け継がれてきた社会的統一性を踏襲することだけれど、たまたま何世代かに一人くらい、すごく才能のある職人が現れ、様式を変えていくんじゃないかなと思うんですよ。基本は今、岡村さんがいわれた共通の約束事、様式。その様式とは何かといえば、死生観であったり、宗教的な意味であったり。人によっては、火焔型土器は饕餮《とうてつ》文様であるというような人までいますよね。

岡村　饕餮というのはシンボルですか。

夢枕　古代中国の鼎《てい》という青銅器に描いてある螺旋の文様で、饕餮という空想上の動物です。皇帝という呼称もない時代の支配者たちが好んで使った文様で、地理的にはけっこう離れている地域でも見ることができます。これを縄文時代の火焔型土器に重ね合わせて考える人もいますが、ここではとりあえず余談ということにしておきましょう。

岡村　中国では相当古い時代からイノシシなどの動物文様が出てきます。もっと古い、縄文時代に相当する新石器時代の土器にも、魚やイノシシ、蛇のような具体的なものが描かれています。縄文人の特徴は、それを写実的にしていないことです。土偶にしても女性像だといいますが、決して写実的ではない。だから遮光器土偶は宇宙人ではないのかといわれたりしてきた（笑）。デフォルメというか、実在しないような姿に置き換えて神格化していくのが縄文の特徴です。私たちの神はこういう不思議な形や文様なんだと。

アイヌもそうですが、これは私たちのシンボルマークだよ、私たちの神だよというのを文様化して――渦巻き文様が多いのですが――それでいろいろなものを守るのです。饕餮文様といわれましたが、たぶん縄文土器にも、とくに南東北から関東・甲信越の縄文時代中期の土器には、当時の人々のある思いがものすごく入っていて、写実的な表現を飛び越えている。火焔型土器の場合は、実際に煮炊きに使えるのは下三分の一だけです。

夢枕　明らかに使いにくいですよね。煮炊きの道具と考えると、もうはっきりいえば、あんな土器はいらない。けれども、わざわざ作り継いできたということは、実利を超えた何か強い気持ちがあったということでしょう。

岡村　縄文時代というのは、現代でいう合理主義や経済効率のようなものとはまったく無縁な、非常にフリーな時代だったと思うのです。発達史観では論じることのできない、人間社会の原型。その心の表れのひとつが文様だと思います。獏さんも、小説の構想の中ではおそらく心を重視されているのでしょう？

夢枕　当時のテクノロジーのような要素についてもしっかり書きたいとは思っています。近年のトピックスであるクリとか漆、アスファルトとか。遅れた縄文というイメージをまず変えてもらうことが、これから書こうとしている小説のもうひとつの役目であり、味つけだと思うので。けれど、核心はやはり技術や合理性を超えた精神の部分になりますね。つまり神とは何かということを問いかけていきたい。今、土器の文様について話をしましたが、僕は土器に描かれている文様そのものが神話なのだと思います。

岡村　私もそうかなと思い始めました。

夢枕　トータルな意味で自分たちが信仰している神様と先祖の物語を、土器の文様の中に忍ばせていると思います。たとえば、弓を持つ男女が、森にクマか何かを射止めにいくモチーフのものもありましたね。周囲に描かれた具象ではない文様も含め、土器に表現された意匠の中にはさまざまなドラマが入っているのだろうと思うんです。

岡村　狩猟文土器はまさにその筆頭ですけれども、今の私たちにはそれぐらいしか神話を読み解く力がない。具象に近いものには想像力を働かすことができるけれど、それゆえ今度は、抽象化されるほどわからなくなる。縄文と同時代の世界の他の土器は、例外なく縁が平らで無文、もしくはごく単純な文様です。ところが、火焔型土器に代表される縄文土器は大きく邪魔な突起を持ち、しかもレリーフ状に文様を盛り上げています。そこには極めて深い精神性のようなものを感じることができる。文様で伝えたかったことは何か。一族の神話も含まれていたと考えるのは、正しい推測だろうと思います。

夢枕　ところで、火焔型土器はどういうときに使っているのですか。特別な祭事ですか。

岡村　火焔型土器が発達するのは新潟県の北半部の縄文時代中期です。儀式に使う土器だといわれてきましたが、どれも実際に煮炊きをした跡があります。煤《すす》もついていますし、赤い焼け焦げもあります。相当使い込まれているところを見ると、日常的に使ったと考えてもいい。私はふだん使いの器のひとつだったと考えています。暮らしでの位置づけはわかりませんが、祭祀のように改まった場だけで使うものではなかっただろうと思います。

夢枕　ほう、それは面白い。

岡村　縄文人は、あらゆる存在に神が宿ると考えていたとすれば、我われが想像しがちな、土器の序列のような感覚自体がなかったともいえます。火焔型土器が祭りの場からしか出てこないのなら特別な道具だったといえるわけですが、よく使っている形跡がある事実や、普通の捨て場から出土しますので、特別扱いはされてない。少なくとも呪具のようなものではない。使い込まれた火焔型土器は、神様はどこにでもいるという考えの裏返しともいえるかもしれません。それはまさに草木国土悉皆成仏というような価値観、思想に通じるものだとも思えるのです。自然の中でより利便性の高い生活が保障されるためには節度が必要で、共通の掟《おきて》がなければならなかった。海や山の幸を採れるだけ採ってしまう。自分の努力で得たものなのだから私物化したい。そういう欲のような衝動にブレーキをかける心として、あらゆるものに神が宿ると考えて感謝の気持ちを持ったのではないでしょうか。

空海が見ていた神の姿

夢枕　空海の教えには、特徴的なことがいくつかあります。密教に根ざしていると思うのですが、ごく簡単にいうと、みんなOKというようなところがあります。たとえば神様は何人いてもいいということですね。具体的にいえば、空海の青年のころの出来事です。坂上田村麻呂の東北遠征がありました。空海が唐へ行く二年ぐらい前のことです。

田村麻呂は阿弖流為《あてるい》という蝦夷《えみし》の英雄を捕まえ、殺さないという約束で都まで連れてきた。蝦夷について専門家の岡村さんの前で説明するのは釈迦に説法ですが、要するに朝廷の権力が及ぶ地域とは異なる生活文化を守り続けた縄文人の末裔です。ところが朝廷は、命を保証するといって降伏させた阿弖流為を怖がり、この者は鬼であるといって殺してしまうのです。そうした振る舞いを見ていた空海は、これはいかんぞと思ったはずなんです。その思いを抱きながら唐まで密教の経典を取りにいった。

岡村　密教の教義は、かいつまんでいうとどのようなものですか。

夢枕　本質は大日如来なんですよ。宇宙には根本原理である大日如来という存在がいて、この世のすべては、その大日如来が形を変えて立ち現れたものである。密教ではそう考えられています。大日如来は、サンスクリット語ではマハーヴィローチャナ。マハーというのは大きい。マハラジャのマハーですけれど、大日如来は人格神的なほうではなく宇宙原理のことです。もうちょっと今日的な言語を使うと、宇宙の根本原理である大日如来がさまざまな仏の姿をとってこの世に立ち現れたものが現世であると。大日如来は太陽に位置づけられることもありますが、今、目の前にあるお茶の注がれたコップも大日如来であるし、このテーブルも我われも、あと、我われの心の中に生まれてくるいろいろな思いも、すべて大日如来であるということを空海は確信していたんではないでしょうか。

たとえば、空海が一番大事にしたお経に『理趣経』というのがあります。僕が一番すごいと思うのは、たとえば人を殺してもいいという考え方も、ここから読みとれたりすることですね。その三章に「真理を覚った者なら、たとえ三界《さんがい》の生きとし生けるもの全てを殺しても地獄に落ちることはない」という意味のことが書かれているんですね。

岡村　ほお、それはなんとも恐ろし気な。

夢枕　勢いでいってしまえば、仏教では人間は輪廻転生していると考えられています。生まれ変わり、生き変わり、あるときは動物になったり、あるときは虫になったりしている。死ぬのは生まれ変わるためで、いつか仏になるため。仏になるには、その前に人間にならないとだめなんです。人間が修行して初めて仏になれる。仏性というものは他の動物にもあるけれど、人間となり、菩薩の修行をしないと仏陀にはなれないとされています。ところが、悪いことをしてしまうと来世は動物に戻ってしまう。この生が終わるまで仏になれない。となると、その人がかわいそうであると。だから悪いことをしそうな人を見つけたならば、悪いことをする前に殺してやるのが善であるという考え方が生まれてきた。それをオウム真理教はマインドコントロールに悪用したわけです。キリスト教にも似た考えはありますね。

『理趣経』のもうひとつのすごい教えは「十七清浄句《せいせい》」です。一七行にわたって、人間の心に浮かぶどんな思いも菩薩であると書いてあるんですね。妙適清浄句是菩薩位《びょうてきせいせいくしほさい》というのがまず一行目です。妙適というのは何かというと、サンスクリット語でスラタっていうんですね。スラタとはオルガスムスのことなんですよ。人間がセックスをして、一番気持ちのいい状態はスラタである。この妙適、つまりスラタは清らかな菩薩の位であると『理趣経』はいっているんですね。次が慾箭清浄句是菩薩位《よくせんせいせいくしほさい》。慾箭とは何かというと、たとえば女が男を見て、この男に抱かれたいと感じる欲望の矢。男がこの女と関係を持ちたいと思う欲望の矢がまっしぐらに走るのも、清らかな菩薩の位であるというようなことを一七行にわたって連呼しているんですね。その中には愛縛《あいばく》、愛で相手を縛る、男女が手足をからめあっている姿も清らかな菩薩の境地であると書いてある。つまり人間の心の中に走るあらゆる愛欲を肯定し、それも菩薩の位であるといっている。こうした教義を含む『理趣経』を、空海は一番大事なお経として持って帰ったのです。このあたり、何とも縄文的な気配があるのではないかと。

人間の持っているすべてを肯定するお経

岡村　自然とどううまく付き合うか。自然の一員としてどう生きるかという意味で、周りのものすべてが神々だとする草木国土悉皆成仏の意味まではわかります。しかし、人間の欲望、邪悪な心みたいなものまで菩薩と同じ清らかな存在であるとする考え方は、なかなか理解が難しいですね。逆に中国へ行くまでの空海はどう思っていたのでしょう。

夢枕　空海は、じつは中国へ行く前からそういう考え方を持っていたのです。なぜわかるかというと、二四歳のときに書いた『三教指帰《さんごうしいき》』という話――これは日本最初ともいわれる長編小説なんですけれど――その中でもう近いことをいっています。どういう小説かというと、道教と儒教と仏教を比較して、仏教が一番優れているという内容です。

空海は出奔《しゆつぽん》しているんですね。四国の讃岐から、佐伯氏一族の金をかなりつぎ込み、都にただひとつしかない大学寮へ行きました。そこで儒教の勉強をしますが、出奔しちゃうんですよ。一七、一八歳のときです。しばらく音信不通になりますが、二四歳のときに『三教指帰』を書いて注目されます。

儒教の先生と道教の先生、そして仏教の先生として仮名乞児《かめいこつじ》という汚い乞食《こつじき》のような坊主が出てくるのですけれど、この坊主は空海が自分をモデルにして書いています。全部架空の名前です。兎角公《とかくこう》という貴族に蛭牙公子《しつがこうし》というできの悪い甥《おい》がいて、女遊びや博打にはまってしまってどうしようもない。まっとうな男にしてくれと、先生方を招いて説教してもらうのです。

最初に説教をしたのは亀毛《きもう》先生という儒教者です。彼は行いを正しくして善行を積めばお金持ちになって出世しますよということをいいます。そうすると横にいた虚《きょ》亡《ぶ》隠士《いんじ》という道教の先生が、それは違うぞというのです。人間の喜びというのはそんなものではない。修行をして道を極めれば天界に遊ぶことができ、千年、万年と生きられる。これこそ究極の喜びだというのです。すると最後に、空海が自身をモデルにした乞食坊主が出てきて、

おまえたちのいうことは全部違うというんですよ。さっきの仏教の理屈でいうと、儒教は所詮人間、世界の中の出世の学問だというのです。道教に対しては、一人だけ不老不死になって何だ。衆生はどうするんだ。そうではなく、みんなが救われる大乗という尊い教えがあるというのです。

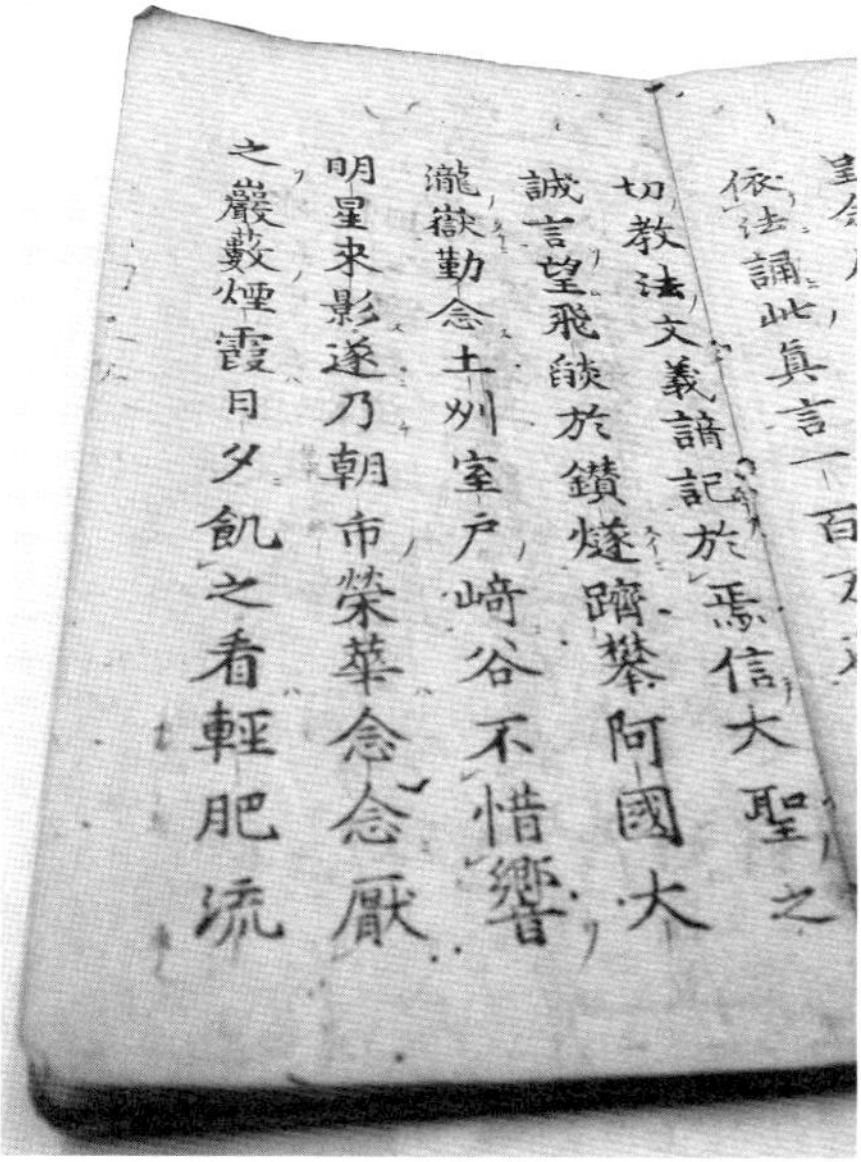

空海の『三教指帰』。東寺が所蔵している安土桃山時代の版本。(写真／共同通信社/アマナイメージズ)

儒教の先生が、おまえは何

者だと聞くと、おれは何者でもないと答えるのです。そして、あるときはおまえの妻、あるときはおまえの子供、あるときはおまえが野を耕すために使った牛であったと語るのです。だからおれに誰それという存在はない。輪廻転生していく過程の中で、遠い昔、おれはおまえの妻でおまえに抱かれていたかもしれないぞという意味でいってるのです。おまえに家はあるのかと問うと、ないという。この宇宙そのものがおれの家であると。おまえはどこへ行くのだというと、僕の小説的に答えれば、兜率天《とそつてん》である、と格好よくいうんですよ。兜率天は、五六億七〇〇〇万年後に地上へ降りてくる弥勒菩薩が、釈迦の説法を聞いて修行してるところなのです。皆さん、五六億七〇〇〇万年待てますかっていうのが空海の発想。待てないでしょう。だから私が弥勒菩薩のところへ行き、その教えを聞いて戻って皆さんに教えてあげますと、二四歳で宣言しているのです。

『三教指帰』での宣言通り、空海は唐から密教の経典を大量に持ち帰ってくるのです。わずか八、九年後です。そんな短い間に取ってこられたのは、行く前から密教の教義のあらましを知っていたからです。ここが最澄との違い。空海が一番大事にしたお経が先ほどいった『理趣経』です。最澄はこのお経を欲しがるのですけれど、空海は最澄に読ませなかった。そこで最澄は泰範《たいはん》という弟子を送り込み、こいつに教えてやってくれといいます。

しかし泰範は帰らなかった。空海先生のほうがいいので私は帰りませんという手紙を送りますが、じつはその手紙は空海が代筆したものです。すると最澄は、泰範や君は私と修行した楽しい日々を忘れてしまったのかいと、恋に破れた人間の書くような手紙を送ります。

ずいぶん脱線してしまいましたが、最澄も読むことを渇望した『理趣経』とは、人間の持っているすべてを肯定するお経です。ここからは、僕の小説的な話になるのですが、内容のあらましを知っていた空海は、おそらく阿弖流為事件のようなものを間近に見て、この国の神々を自分が統一してやろうと思ったのではないかと僕は考えています。みんな同じ神様ではないかっていうのは極めて普遍的な考えで、日本にも古来あった。つまり縄文的な考えです。仏教の中にも大日如来を象徴とした似た考えがある。まずその教義を当時の情報先進国の唐から持ってこようと考えた。でも、これは朝廷に誤解され、密教は鎮護国家、つまり国を守る呪法として受け入れられ、発展していくという皮肉な運命をたどるのですが。

大日如来は絶対神ではない

岡村　大日如来は宇宙の根本原理、つまり神の中心であるという考えは、八百万の神とはある意味で逆ですよね。

夢枕　いや、そうでもないのです。束ねているのではなく、仲よくさせているのですね。すべての神様に対応する仏がいるのです。

岡村　教えの中に欲望の肯定のような人間臭いものが絡んでくると、縄文とは違うような気もしますね。あからさますぎて。縄文人も人間に欲があることは知っているけれど、あえて知らんふりをしているようなところがありますね。自然の中に神々がいて、私たちもその一員だということが彼らの世界観の前提。だから、人間集団、あるいは神々との関係の中心に絶対的な神を置かない。心理学でいうと中空原理で、真ん中には置かず、シェアすることでバランスを保つ。それが自然と共存するという意味ではないでしょうか。

夢枕　大日如来は一神教と誤解されやすいのですが、いわば原理なのです。しかし、権力側が、わざと曲げ、空海が持ってきた呪法の部分にのみ光を当てて鎮護国家のために利用したのです。僕の説明不足かもしれませんが、大日如来という存在の考え方は、日本列島の古層にあった、森羅万象みな神々という宗教観にむしろ近いと思います。

人間の本質は、縄文時代も平安時代も、そして現代も変わらないと思うのです。生きている限り欲望がある。具体的には食欲、性欲、所有欲、権力欲みたいな。でも、それをてんでに主張しだすと社会の調和がとれないのでコントロールするシステムが必要になった。それが太古の神であり神話。空海はそういう縄文的な精神性を肯定する新しいロジックを持ち込もうとしていたと思うのです。

岡村　しかし、権力構造というものが確立してから、宗教は絶対神、一神教に収斂《しゅうれん》されていきますね。

夢枕　繰り返しになりますが、大日如来は絶対神ではないのです。キリスト教でいうエホバであるとか、イスラム教のアッラーであるとか、そういった絶対的な存在ではなくあくまでも原理なのです。縄文的な神でいうと「翁《おきな》」みたいな存在ですね。大日如来は支配もしていないし人間に命令もしていない。空海はけっこういろいろな神の存在を認めていて、高野山の中に古い神様を祀っています。狩場明神《かりばみょうじん》といって、僕は縄文系の神様だと推測しているのですけれど。狩場明神は高野山の中でも大事な神様として祀られていて、今も狩場明神担当の僧がいるんですよ。あと、丹生都比売《にうつひめ》という神様も高野山の中に祀られています。それもやはり縄文系の古い神様だと僕は考えています。

岡村　ところで「記・紀」などの神話に、神には在地の縄文系の国津神《くにつかみ》と、天孫降臨以降の天津神《あまつかみ》が登場しますね。この分類は、多分に権力者が描いたストーリーでしょう。そもそも縄文時代には絶対的な権力者はおらず、あらゆる存在に神が宿っていたわけで、神を人格化していること自体が新しい神話であることの証明のような気がします。そのような神が登場したのは、やはり弥生以降だと思います。多くの人々を米作りに導き、一部の人間がそれを税として徴収することで社会を運営していく社会構造ができてから。

夢枕　そこは面白いところですね。

仮面と能面、そしてシャーマン

岡村　獏さんは、かつて雑談の中で、陰陽道や仏教のことを考えれば考えるほど、縄文に遡っていくというようなことをいわれましたよね。

夢枕　そうですね。小説を書いてきた中で、一番奥にあった存在が縄文なんですよ。若いころは、そういうものにたどり着こうとは思いもしなかったのですが。僕は伝奇小説というものをずっと書いてきました。伝奇小説とは、つきつめてゆくと、現代から見て古代の神々をどう絵解きするかというようなことなのです。この現代に秘密結社や悪の軍団みたいなのがいて、あるいは悪とも善ともつかないような謎の存在がある。彼らはいったい何者で、何のために暗躍しているのかという理由づけをしていくと、古代の何かにたどり着くという設定をとらざるをえないんですよ。
より遠い過去へ遡らざるをえないというか、そのほうが話としてはもっともらしい。未来から来たというよりは（笑）。なんとなく江戸まで遡れば説明できた時代もあったし、平安時代まで遡ればよかった時代もあった。そうやって長い物語を書いていくということは自分を追いつめることでもあるのです。日本を舞台にした伝奇小説を書き続ける以上、縄文とは何かということを知らなければ書けないところまで来てしまったんですね、とうとう。

岡村　どうして書けないのですか。

夢枕　たとえば『魔獣狩り』というシリーズでは、まず空海までたどった。その後、卑弥呼まで訪ね、古代中国の三星堆《さんせいたい》遺跡の縦目の神まで飛んだのです。物語が展開していくと、じゃあ卑弥呼はどうしてそういう存在として生まれたのかとか、そういうことをさらにまた考えなければいけない。すると弥生以前、縄文へ向かっていかざるをえないのです。

岡村　時代を遡っていくということは、神の原点がゴールなのですか。

夢枕　原点まで行くしかないのです。そういう構成で始めてしまったので。伝奇小説のまっただ中を生き、いろいろな時代をさまよってきた以上、最後は縄文の神で結びたい。

岡村　縄文の神の何が知りたいのでしょう。

夢枕　最初の石皿とすり石を訪ねる旅でお話ししたように、まずは縄文人の神話を、自分なりに絵解きして書いてみようというのが出発点だったのです。岡村さんからいろいろ教えを受けたおかげで、でっち上げにしてはなかなかいい出来になりそうなのです（笑）。その中に渡り的な漂泊者が出てくる話も織り込もう。旅をしながら、行く先々の神様とさまざまな遭遇をしていく話にしよう——というのが現時点での構想です。考えたいのは、縄文の神は当時の人々にどのようなことを語りかけていたのか、ということです。

岡村　現人神《あらひとがみ》のようなキャラクターも出てくるのですか。

夢枕　現人神はいなかったと思いますが、神の言葉を代弁し、祭祀を取り仕切るシャーマンはいたと考えています。シンボリックな存在が仮面土偶ですね。能登半島の真脇遺跡では、割れた土製の仮面が出土していますよね。復元されたものを見ると、能に出てくる翁の面にそっくりなのです。翁のお面って頬のところに渦巻き模様が彫られていますね。口角のシワも波紋状で。僕は宿神《しゅくじん》、摩多羅神、諏訪のミシャグジ、翁というものは、みんな縄文の神だったと考えています。

岡村　それら神々の性別はどうだったとお考えですか。

夢枕　わかりません。翁について文献で最も古くまでたどれるのは、室町時代に能の金春《こんぱる》流の金春禅竹という人が書いた『明宿集《めいしゅくしゅう》』です。その本の中にちゃんと翁は宿神であるというようなことが書いてあります。このあたりのことは、中沢新一さんの『精霊の王』が詳しいです。芸能の神様で、今も能の中に出てきます。正確にいうと「翁三番叟《さんばそう》」と呼ばれている出し物ですけれど、これが得体の知れない演目なのです。能って、歴史上の人物がどうしたこうした、今、私は怨霊となってさまよっていますみたいな絵解きができるのですけれど、翁三番叟だけはうまく絵解きできないのですね。一番は父尉《ちちのじょう》、二番は翁、三番が黒式尉《こくしきじょう》。今はもう一番はほとんどやらないですけれど、二番の翁の舞は受け継がれていて、三番の黒式尉は、能の中で唯一、狂言方が踊るものです。

顔面にイレズミ、または魔除けの沈線文がある土製仮面。(写真提供／真脇遺跡縄文館)

野村萬斎さんが得意です。三番叟の意味はわからないのですが、翁の面は、昔は呪師がかぶって踊っていたという話があります。つまりシャーマンですよね。実際に翁の面は、真脇遺跡から出土した仮面とほとんどそっくりです。

岡村　おそらく、歴史的なつながりがあるのでしょうね。

夢枕　その翁は、宿神であるといわれています。宿神というのは、この前ご一緒させていただいた諏訪のミシャグジと同じ存在なんです。つまり、諏訪大社に祀られている建御名《たけみな》方神《かたのかみ》が来る前に諏訪地方を支配していた守矢氏が信仰していた古い神です。能の世界では、翁はすべての神様の大本であるといわれているんです。我われの知っているあらゆる神様の根本。なので、空海が持ってきた大日如来は翁にぴったりと重ねることができる。シュク、シャグ、石《シャク》、酒《サケ》、鮭《サケ》、式《シキ》の語源はみんな神様の名前だと思っています。たぶん縄文の神です。

岡村　話は逸れるかもしれないですけれど、仮面は縄文時代の中期から出てくるのですよ。四国、関西、北陸。それからずうっと北の北海道の石狩低地まで。今いわれた真脇遺跡のものはまさに翁の面にそっくりです。岩手県の北上川中流域から青森県の下北半島にかけては土製の鼻曲がり仮面が分布します。その名のごとく鼻が曲がっているのですが、見る方向によって左右の表情が違います。能の面の喜びと怒りのような。普通、鼻は縦にすっと表現すればいいのに、わざと曲げています。目はちゃんと抜いてあって、かぶれば仮面の役割をする。

そうした鼻曲がり仮面の部品が、遺体に副えられた状態で墓から出てくる例もあります。仮面の本体は素材が皮や木だったようで、腐ってしまってありません。取り付けられていた土製の部品だけが残った。そのような仮面は、じつは規模の大きな拠点集落からしか出てこないのです。仮面を使った集落というのは、祭りのセンター的な場所だったのだと考えられます。

夢枕 木や皮に結び付けられていた仮面の土の部品とは、具体的にはどういう形をしているのですか。

岡村 耳、鼻、唇ですね。各部品には面の本体に取り付けるひもを通す小さな孔が開いています。いずれにしても鼻曲がり仮面は、北上川中流地域で、祭祀の拠点といえそうな集落跡から飛び飛びに発見されています。つまり、誰もがかぶれるようなものではなかった。大規模な拠点集落には、エリアを統括するようなシャーマンがいて、その人が祭祀のときにかぶるものが仮面だった。そして、その人が死んだとき一緒に埋葬しているわけですね。

夢枕　顔にかぶされた状態で出土するのですか。

岡村　そこまではわからないです。骨が溶けて消えているので。かぶせたのか、脇に置かれたかは正確にはわからないけれど、葬られたのは仮面をかぶる立場にいた、いわば職能を持った人だったということがわかります。では、そういう仮面祭祀のようなことを司るシャーマンとはどういう人だったのか。私は女性だと思いますね。なぜ女性かというと、ほぼ同時期に仮面をかぶった土偶が登場し始めます。

夢枕　長野県の茅野市尖石縄文考古館で見た仮面の女神ですね。国宝の。

岡村　仮面をかぶった土偶は、私はすべて女神像《じょしんぞう》だと思っています。そういう女の人たちが、地域の集落を精神的にまとめていたのだと考えます。卑弥呼のルーツも、そういうところでしょう。ある一定の範囲の拠点集落に一人。もっと大きくいえば、部族、民族をまとめるような、そういう立場の女性の神がいたというのは間違いないと思います。

夢枕　琉球にはユタやノロがいましたね。聞得大君《きこえのおおきみ》という存在もありました。

岡村　権力についたノロの最高神が聞得大君ですよね。あれは権力ができてからの構造だと思いますが、沖縄でも民俗文化の中に仮面がありますよね。

夢枕　あのあたりは、来訪神の伝説が島々にずっと残っていて、祭りではそれらの神々は仮面を付けてやってきますよね。

弥生人は誰だったのか

岡村　秋田のナマハゲもそうです。仮面を付けてやってくる。『古事記』とか『日本書紀』、『風土記』にも、縄文の神を匂わせるような記述は、けっこう出てくるものですか。

夢枕　ありますね。たとえば『日本書紀』には次のように書かれています。「葦原中国《あしはらなかつくに》は、磐根《いはね》、木株《このもと》、草葉《くさのかきは》も、猶能《なほよ》く言語《ものい》ふ。夜は熛火《ほほ》の若《もころ》に喧響《おとな》ひ、昼は五月蠅《さばへ》如《な》す沸《わ》き騰《あが》る」。つまり、出雲国《いづものくに》は、石《いわ》や草や木がうるさいほどによくしゃべっていたというんですね。それが、別資料『六月《みなづき》の晦《つごもり》の大祓《おおはらえ》』によると、「荒ぶる神等をば神問はしに問はしたまひ、神掃ひに掃ひたまひて、語問《ことと》ひし磐《いは》ね樹立《こだち》、草の片葉《かきは》も語止めて」みたいになってしまった。

天津神《あまつかみ》系の立場から見ると、自分たちが〝神問はしに問はし〟てやったら、石の木も草も、しゃべらなくなって静かになったと。この〝神問はし〟というのは、〝こらしめてやった〟くらいのニュアンスでいいと思うのですが、そうしたら、黙ってしまったと。縄文系の神をまだ信仰していた人たちと天津神との間で、こんなたたかいがあったのかなと。国《くに》ゆずりの神話の実態は、こういうものであったのではないかと思うのです。あと、わけのわからない神話もあるんですよ。火の神のカグツチだとか。なんとなく縄文的なかおりがする神話が、とくに物語性があるわけでなく散見されます。

岡村　国津神は縄文の神だったと考えますか。

夢枕　葦原中国《あしはらのなかつくに》、つまり日本という国の統治が、古い土着の神である国津神から、天より降り立った新しい神である天津神に代わったという話が、「記・紀」の骨格部分ですね。まさに縄文から弥生への移行を暗示したものだと思いますが、岡村さんはどう考えます？

岡村　天皇のルーツになるような人たちが、米作りというすばらしい技術を携えて大陸からやってきたことで、狩猟採集を基盤とした暮らしが終わったという説明が昔からあり、今でもよく耳にします。追いやったのか。混ざり合ったのか。いろいろな見立てがありますけれど、これをある程度整理し、交代劇を補強したのが日本人の二重構造モデルです。東京大学の埴原和郎《はにはらかずろう》さんという人類学の先生が一九九一年に発表した考え方です。

北東アジア系モンゴロイドの集団が、はじめは稲作を、まもなく金属やさまざまな新技術を持って大陸から船でやってきた。渡来は何波かにわたり、今の九州北部を中心とする西日本で暮らし始め、日本列島全域に住んでいた東南アジア系モンゴロイドである縄文人を南と北へ追いやったという説を唱えました。いわゆるヨーロッパ的な侵略や征服はなかったにせよ、彼らはやがて朝廷という王権をこの列島に敷き、西日本から近畿、さらには東日本の統治権を握った。版図《はんと》の広がりに応じて混血の度合いも増し、本州では北東アジア型の遺伝子が多く見られるようになったという考え方です。

地理的な影響や権力の限界で混ざり合いの影響が少なかったのが、今の南九州・沖縄と北東北、北海道であろうと。そうした人々が熊襲《くまそ》や隼人《はやと》であり、蝦夷《えみし》、アイヌだというわけですね。神話にも符合しますし、解釈にいろいろ無理のあったそれまでの仮説よりも合理的に見えるので、その後、広く支持されてきた考えです。

夢枕　僕もだいたいそんなふうに理解してきました。

岡村　私は懐疑的なのです。ひとつは、渡来人がたくさん日本列島に来たという考古学的な証拠がほとんどないのです。遺伝子のことには後ほど触れるとして、これまで人類学が指標にしてきた根拠のひとつに、人骨の形態の差があります。縄文人は背が低く、頭の形はこうで、弥生人は背が高く頭の形がこうなっている、といったものですね。こうした変化の量を調べ、その数値で大陸系の血の濃さを示してきたのがかつての形質人類学です。埴原さんたちが調べたという弥生人の人骨は、じつは北部九州の甕棺《かめかん》から出てきた数少ない資料なのです。それらの形態をもとに、北東アジア型だといっているわけです。また、比較に用いた縄文人骨は東北や関東の資料でした。それと弥生の甕棺に入っていた人骨との違いの差から遺伝的関係の割り出しを試みたのです。

骨の形態は食事や生活スタイルなどの習慣によっても大きく変わるらしいのです。たとえば日本人の体格が最も小さくなったのは、江戸末期です。食生活と労働のバランスが影響したのでしょう。仕事がきついわりに粗食なので慢性的な栄養不良だった。顔つき的には、頭が一番長くなった時期です。しゃくれ顔になり、反っ歯《そっぱ》もものすごく多い。現代では小顔がもてはやされていますが、浮世絵に出てくるようなうりざね顔は、ある意味では時代を先取りした特別な人たちでした。

ところが、明治に入ると日本人の体格や顔つきはいきなり変わり始めます。大きく、がっしりとしてくる。開国によって欧米の食文化が入り、動物性たんぱく質を多く摂るようになったからだと考えられます。第二次世界大戦後は、日本人の体格にさらに大きな変化が起きました。このことについては、我われもよく知っていますよね。

夢枕　僕らから、ちょっと後の世代ですね。背が伸びて、足が長くて、顎も華奢になり小顔化している。これも食べ物とか生活習慣の変化による影響でしょう。

岡村　私が注目したいのは、骨の形質は環境要因によって容易に変化しうるということです。形質人類学が示した指標を当てはめることのできないほどの骨格の変化が、幕末から現代までわずか二世紀たらずの間に二回も起きています。手足は比較的長いが背が低く、頭骨の形も現代人と違う。そうした縄文人の形質は、同じ食形態、労働環境が、基本的には一万年間同じだったから固定されてきたとも考えられるわけです。二重構造モデルの根拠となった弥生の甕棺に入っていた人骨は、米を食べ始めてから数百年たった時期の、弥生文化の本場の人たちでした。同じ人種系統内の骨格の変化、はっきりいうと食生活の劇的な変化で体つきが以前とは異なるようになった北部九州の縄文系統の人だった可能性もあるわけです。

夢枕　大まかにいうと、大陸からの第何波目かの渡来人。あるいはその子孫。食生活などの変化で体格が大きく変わった縄文人の子孫。この三つの可能性があるわけですね。弥生人とはこういう人たちだ、とは一概にいえない気がしてきました。

遺伝子を使った考古学的アプローチ

岡村　もうひとつ考えておかなければならないのは、そもそも弥生時代の甕棺に葬られていたのはどのような身分の人たちだったかということです。弥生文化の先進地域はすでに階級社会的な構造になっています。縄文人の骨と比較するなら、弥生時代の標準的な生活者、つまり今の我われでいう庶民、多数派の骨でなければ前提条件が同じにならないのではないか。さらに、埴原さんたちが対比に用いた多くは東北の縄文人骨でしたが、これも地域の違いを考慮した比較をしなければ適切でなかったと思います。北九州の弥生人と同じ時代に生きた東北や関東の人たちの骨も対比すべきでしょう。

サンプルに使われた骨の数にも問題があります。さまざまな可能性や条件を考え、多くの資料を統計学的に処理・分析しなければいけないのに、わずかな人骨の比較だけでモデルが出された。統計的に有意であるかないかを保証する数量は一〇〇サンプル以上といわれています。

夢枕　でも、難しいんでしょう。遺伝子が採れるような人骨を数そろえることは。

岡村　はい、遺伝子の場合は、これまで説明した骨の形態よりさらに難しい点があります。日本列島は酸性土で、埋もれた骨は土の中で溶けていくため、遺伝子が採取できるほどしっかりした骨は、カルシウム分の多い貝塚から少数しか出土しません。しかも貝塚に残った骨というのは、漁村で暮らした人々のものです。海から遠く離れた中部高地のような内陸で暮らす縄文人は、形質が異なっていたかもしれない。簡単に縄文人といいますが、ひ

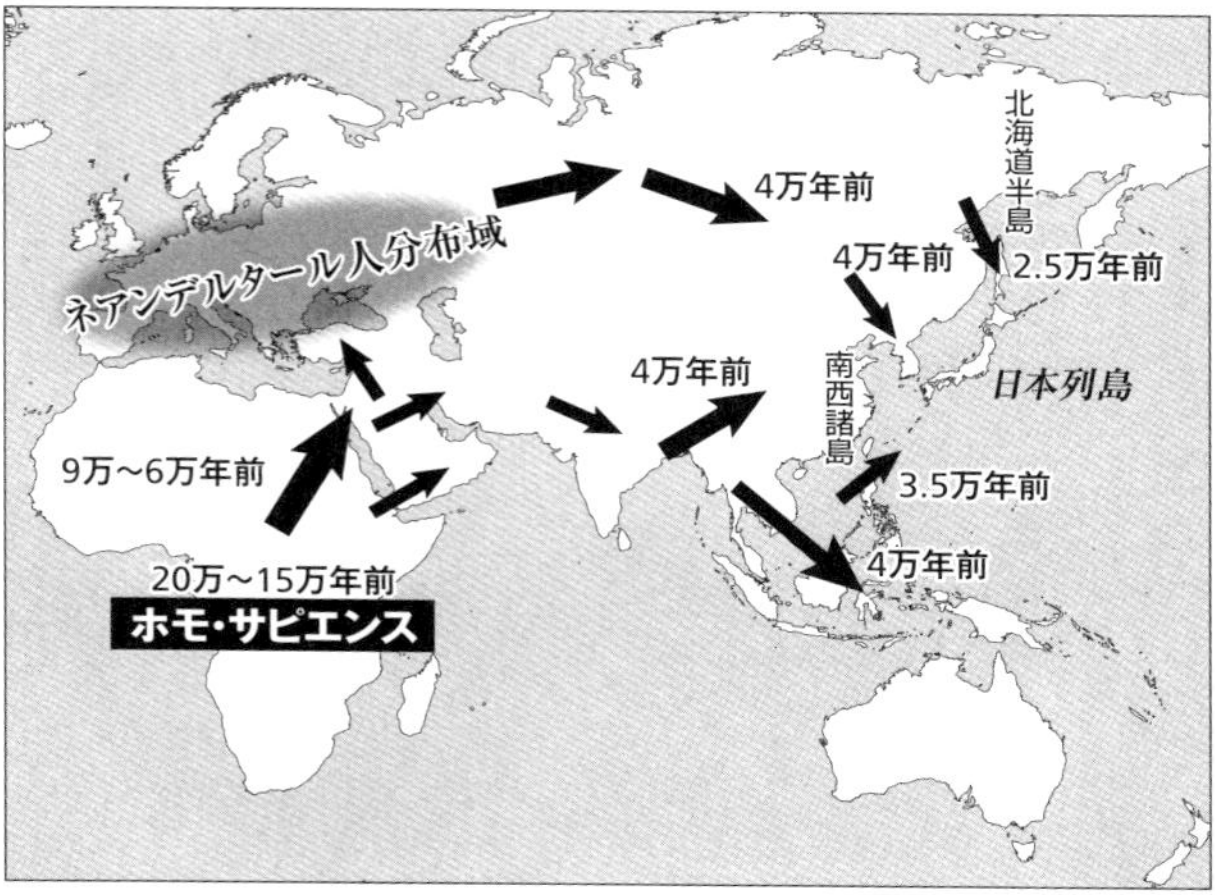

人類は約4万年前から日本列島へ渡り始めた。
出典／『縄文の列島文化』（岡村道雄著・山川出版社）※海岸線は現代のもの。

とくくりにはできないのです。本来は、地域の差、生業や食生活の差、男女差、時期差などの多様性までを考慮した分析と比較が必要になります。

夢枕　では、そもそも酷な話ではないですか。サンプル数が少なすぎるという批判は。

岡村　いや、この分析手法を採った以上は、資料数や分析結果をもっと増やしてほしいのです。じつは今、二重構造モデルも根本から見直されつつあります。神澤秀明《かんざわひであき》さんなど若手の人類学者が遺伝子の分析から興味深い論文を発表しています。縄文人はこれまで東南アジア型モンゴロイドだといわれてきました。神澤説によるとそうではなく、かなり古い時代に東アジアの共通祖先から分かれ、日本列島で固有化した、いわば第三のモンゴロイド系だというのです。現代の日本人の三集団と縄文人とを比較すると、アイヌ、琉球、本土日本人の順で遺伝要素が近い。また、アイヌには南シベリアやオホーツク人の遺伝子も入っていることも明らかにしています。これは遺跡に残された文化的要素をもとに考古学・人類学の両方で指摘されていた学説ですが、遺伝的にも大局的には矛盾のない結果です。

夢枕　そもそもアイヌのベースとなったのはどのような人たちだったんですか。本州から津軽海峡を渡った縄文人ですか。北海道よりも北からやってきた人たちでしょうか。

岡村　縄文以前の旧石器時代に、当時の本州島と北海道半島に居住していた私たちの祖先は、各地に文化圏、民族のまとまりを形成していました。その後、約二万五〇〇〇年前、シベリアから旧石器人が北海道に南下し、本州各地でも交流が見られ、血が混ざり合いました。これは考古学的資料から読みとれます。このように北海道のルーツが形成され、縄文にもつながっていったと考えられます。北海道では縄文時代以後も南北からの人々の移動が見られます。北海道北東部ではオホーツク文化の人々の流入が顕著です。一方で、南ルートで南西諸島に約三万五〇〇〇年前に到達した旧石器人とその末裔は、徳之島・奄美までしか北上しませんでした。

夢枕　面白いですね。これは縄文、弥生という時代区分そのものを二元的・二項対立的に見てはいけないということでもありますね。いろんな可能性を考えてみる必要がある。

岡村　注目したいのは、縄文人の前にもこの列島には私たちの先祖がいて、ナイフ形石器や部分磨製石斧など、大陸側には見られない独自の旧石器文化を持ち、日本列島の七〜八地域に文化圏を成立させていたことです。

夢枕　その基盤は縄文になっても受け継がれていたのでしょうね。

岡村　今のお国柄につながるような地域性、文化圏、そしてそれを支えた人々……つまり民族が、当然のことながら存在したことでしょう。日本列島の人類史は、縄文人対渡来人のような単純な話ではありません。ですから、時代性や地域性などを考慮するためにもサンプルの数が必要なのです。地域分けや時代分けをしっかりやり、その遺伝子が地域的、年代的、縦、横の枠組みの中でどのような系統の組み合わせ、混ざり合いなのかを、なるべく多くの資料を分析しながら議論しなければいけない。

どのくらいの人が入ってきたか

夢枕　弥生時代の甕棺に葬られていた人たちに質問を戻します。僕は学問の素人なので二重構造モデルの研究手法について論じる資格はないのですが、稲作や金属器を持ち込んだ渡来集団というのは、遺伝学的に見ると北東アジアのモンゴロイドであり、その遺伝子は以後、日本列島内で増え続け、現代の私たち日本人の中に相当濃く残っているという事実はあるわけですよね。八八パーセントくらいですか。そのような説も聞きました。つまり縄文人の遺伝子は今も一〇パーセント以上残っている。どういう人たちをサンプルにしたのか、北東アジアの遺伝子が優勢化していったメカニズムも僕にはわかりません。ただ、混じって混じって今こういう結果があるのだと思います。そこで岡村さんに確認したいのは、かつて騎馬民族が日本列島を征服したというような論もありましたが、あのような民族大移動というか、大量移民はあったと思いますか。

岡村 稲作の始まり以降は、大陸から人が集団で渡ってきて、いわゆる入植したようなイメージが強いようです。しかし、騎馬民族が来て征服したという江上波夫さんの説は佐原真さんらによって考古学的に否定され、来なかったということで決着していますね。また、稲作文化も大陸系渡来人が大きく関与したと考えられてきましたが、それはなかったと思います。なぜかというと、いまだにそういう渡来民のコロニー的な遺跡は見つかっていませんし、渡来地の本場と考えられている北部九州でさえ、前期の弥生人は縄文的な形態をしています。仮にその時期、朝鮮半島の人がある程度まとまった集団で日本列島へ来たとします。その人たちが死ねば、当然、向こうのしきたりで埋葬をするでしょうが、そういう墓地も、渡来人が作ったと見られる道具の類もあまり見つかっていません。

夢枕　長いスパンで見れば、大陸からはかなりの数の人たちが渡ってきていると思います。五月雨式にといいますか、トータルでいえば、その数は一〇〇〇人、二〇〇〇人ではない。桁がひとつ上でしょう。一〇〇万という途方もない数字を上げている人もいますね。いわゆる天照神話を作った人たちというのは、僕の勘だと比較的最後のころに来た人たちだろうと思うのです。徐福伝説というのがありますね。秦の始皇帝のとき、徐福という方術士が、三〇〇〇人の若い男女、さまざまな職能者、そして五穀の種を船に乗せ、不老不死の薬があるという蓬莱《ほうらい》山を探しに探索隊を組んだ。しかし、それは徐福の策で、自分の王国を建設するためだった。霊薬探索は始皇帝から金をだまし取るための口実だったというものです。司馬遷の『史記』にそのようなことが書かれています。この蓬莱山とされているのが日本列島にあったのだろうという人もいます。日本側にも徐福上陸伝説があちこちにあります。小説家的には面白い話ですけど、事実であるかというと僕は否定的です。ではなぜそんな話を持ち出したのかというと、徐福が船出をした時代というのは紀元前三世紀ごろで、日本列島は弥生時代なんです。
当時の秦の実力を見れば、当然ながら渡航術は確立していただろうし、統一にいたる戦乱の過程で相当な数の敗者も生じたはずです。新天地を求める形で、海の向こうの日本列島を目指そうとした人は少なくなかったと思うのです。稲作の急速な広がりを、当時の大陸の政治状況に重ね合わせる人は歴史家にも多いですよね。

岡村　そうした亡命者たちが、水田稲作の技術や青銅製の鏡や銅鐸のような祭祀の道具を、生活文化とともに携えてきたという見方ですね。そして、大陸型の生産技術や信仰が列島に浸透していく中で、稲作に必要な土木や水利の技術を指導するリーダーや祭祀を取り仕切る人に権力が集まっていった。つまり、まつりごとをする人と、それに従う人という階層化が、弥生から古墳時代における変化だといわれてきました。

そこで問題になるのは、ご質問でもある「どのくらいの人たちが入ってきたか」です。私は、先に説明した考古学的事実から、一般的に考えられているよりかなり少なかったと見ています。律令制が確立した飛鳥時代、大学寮や仏教建築の現場では渡来人が指導をしていますが、ひとつの分野にたくさんの専門家は必要ありません。持っている知識を伝授すればよいのです。文明開化期におけるお雇い外国人がよい例です。技術や文化の伝播は、ごく少数の指導で事足りるのです。稲作もそうです。弥生時代に入って一気に水田稲作が広がった様子の説明として、大陸から日本列島に移民が押し寄せ、田植えを始めたようなストーリーを描くのは乱暴です。今後、コロニー的な集落跡や大量の渡来人の墓でも出てくれば、潔く撤回します（笑）。

現代の日本人の遺伝子分析の結果では、先ほど篠さんがいわれたように多くの比率で渡来人がルーツであるといわれています。ただ、遺伝子を使って研究している人類学者も述べているように、縄文人自体が一万年間、全国一律の遺伝子を持っていたとは考えにくい。その後も血統だけではない要因で骨格が変化し、地域的な差も生まれている可能性がありますす。この分野の研究は始まったばかりですから、現代人の分析数も増して地域による違いも考慮するなど研究の進展に期待をしたいですね。

弥生時代の実質的な主人公は縄文人

夢枕　話を少し戻しますが、水田を実質的に切り拓き、銅鐸を使うような大陸型の宗教儀礼を執り行っていたのも縄文人の子孫たちということですか。

岡村　当時においては縄文系の数のほうが圧倒的だったはずです。渡来人の集団が入植して弥生になったわけではなく、渡来人が携えてきた稲作や信仰を縄文の人たちが受容したのだと私は考えます。出土した青銅製の祭祀用具にしても、調べてみると大陸産のものはそれほどはなく、多くは日本で作っているのです。つまりコピーした。ところが、大陸型のものが出たというだけで渡来人に由来するものだと早合点されてきた。大陸系の人たちが直接関与しなくても起こりうることを、思い込みで過大評価していたのかもしれません。

夢枕　中国の鏡を模して日本で作った鏡は「仿製鏡《ほうせいきょう》」と呼ばれますが、初期においては呉（二二二～二八〇年）の国の工人を招いて作ったと思いますね。模倣を続けるうちに自分たちのやり方を確立していく。稲作もそうだったでしょうし、土器作りなどもそうでしょう。思い込みと聞いて思い出したのが、福島県の宮畑遺跡にご一緒したときに少し昼寝をした、小屋と呼ぶにはあまりにも立派な四本柱の高床建物です。縄文の建築といえば柱を円錐状に寄せた竪穴住居。柱を垂直に立てた高床式のものは、米作りとともに大陸から入ってきた様式だと思っていました。

岡村　そう考えられていたのですけれど、三内丸山遺跡や宮畑遺跡など全国的に高床建物が出てきたことで、観点の修正が必要になったのです。ところが、なかなかそれを認めようとしないのが日本考古学の悪いところでして。時代が新しくなるほど文明は進むという発展史観が生んだ錯覚です。光は常に西から来る、つまり進んだもののルーツは大陸にあったという考え方も同じで、再検討が必要ですね。

夢枕　弥生時代のきっかけを作ったのは渡来人だったが、実質的な主人公は縄文人であった。急激に遺伝子の比率が変わるように混ざり合う、つまり渡来人による征服のようなことはなかった。その後の権力構造、社会システムの変化に沿って遺伝子の濃さや分布が変わっていったということですね。ところで稲作といえば、受容のひとつのきっかけは縄文晩期に起こった寒冷化だという話があります。人口が減ったとも聞きますが。

岡村　それも発展史観と関係がありそうですね。寒冷化の影響を受けて人口が減ったのは東日本の縄文集落です。そもそも西日本では、それまでほとんどむららしいむらは作られてきませんでした。人が少なかった地域なのです。縄文時代の後期になって、ようやく定住型のむらがぽつぽつ出てきます。縄文の全時代を通して見ると、むらの数も人口も八五パーセントは東日本です。弥生時代になるとそれが完全に逆転してくる。西日本の縄文人が先に米作りを取り入れたからです。稲作の受容は気候変動とはあまり関係がないと思います。米という新しい食べ物に出合ったことが縄文人の生活を変えたのです。米はうまいし、食がより安定的なものになって人口が増える。集落もまた増えていく。社会の仕組みも複雑になっていき、権力者が生まれる。一方では稲作など必要と思わない集団もいた。

夢枕 いわゆる、服《まつろ》わぬ者たち。陸奥の阿弖流為のような縄文的な文化を選び続けた人たちですね。

岡村 しかし、古代には米を税として集める仕組みがすでに広い範囲にできあがっていた。権力を強固なものにするには、より多くの人間を水田農業に駆り立てる必要があった。その後の日本列島の歴史は、ご存じのように権力の版図を広げ、その維持を巡る交代劇です。そういった歴史に振り回されてきたのが遺伝子です。何度もいいますが、遺伝子が変容していく過程というのはそう単純な形では語れないと思います。

縄文人の幸福観と死生観

夢枕 縄文時代には、いわゆる納税のために働くということはなかったのですよね。

岡村 ないですね。だから飢えなかったともいえる。カロリーを保証したかに見える稲作ですが、中央集権が確立して以降は飢饉《ききん》の記録が多い。労働を米に投入させてきたので狩猟採集で食の不足を補おうにも、もはや時間的な余裕を捻出できないのです。飢饉を招いたのは冷害だけではありません。時代にもよりますが、権力による厳しい収奪も原因です。

夢枕　偉そうにしている他人のために働かないといけないから飢える。今と同じですね。

岡村　そのやり方はずっと受け継がれています。働き方改革などといっても、気持ちよく税金を納めてもらうための飴《あめ》みたいなもので、労働に駆り立てるための鞭《むち》が、依然として社会構造の中に存在しています。

夢枕　縄文時代の平均労働時間は四時間っていわれていましたっけ。

岡村　環境が悪化している現代の狩猟採集民でも、四時間働くだけで楽に暮らせるようです。四時間働けばよかった暮らしが、一万年も続いたのが縄文時代です。

夢枕　理想ですよね。一〇時間以上働いても食えません、将来への希望も持てませんっていう国はおかしいですよね。四時間働けばみんな幸せに生きていける時代にしたいですね。

岡村　ワークシェアで四時間働いた残りの時間を何に振り向けるか。人間の幸せは、そこにあると思いますよ。子供を作る暇もないというのは明らかにおかしいです。

夢枕　僕は岡村さんほどのユートピア論者ではないのですけれど（笑）、労働が四時間でよかったというところはうらやましい。もちろん不幸もあったと思います。平和な社会だったといわれますが、人間ですから諍《いさか》いや小さな階級闘争もあったでしょう。それなりに権力欲のある人もいたはずです。ただ、今よりは幸せだったかなとは思いますね。今、僕らが縄文時代の生活に戻れないのは、弥生以降のシステムに身を置いてしまったからですが、もし縄文時代に生まれていたら、幸福指数はそれなりに高かったかもしれないですよね。魚や山菜を採るような行為は、アウトドアの好きな僕からしたら労働ではなく、このうえなく楽しい遊びです。

岡村　幸福を裏返したものが不幸ですけれど、不幸が幸福と違うのは、比べるからそう感じるのです。この対談（第八章）は神様から始まりましたが、神様という概念はお互いを比べて優劣をつけないための抑制装置のようなものだと思うのです。

夢枕　本質は感謝ですね。アイヌのイヨマンテ（熊送り）も、神様が怖いからではない。ひたすら感謝です。縄文人と神様との関係もたぶん同じで、この世界のいたるところに神というものが存在するという物語を作った。よこしまな感情を封じ、感謝と尊敬を選択したことが一万年に及ぶユートピア社会を作ったのだと思います。

岡村　自然に学んだ価値観や哲学が、縄文人にとっての神だったのではないですか。埋葬を見ても、再生への願いを強く感じます。遺体の頭を北から西方向にきちんとそろえています。天体の動きに連動させているようにも見えます。

夢枕　太陽の運行と北極星ではないですか。周期的な存在と不動の存在。

岡村　そこには、神になって自然の中へ旅立ったけれど、また循環して自分たちのもとへ帰ってくるのだという確信のようなものを感じます。人間が生まれて死んでいくことを、冬が来てもまた春が来るようなリズムととらえていて、こうした循環や再生、あるいは甦りを司るのが神だという意識を持っていた。副葬品からもそのことは読み取れます。時期や地域によりますが、石材や原料が墓から出土することがあります。鏃やナイフを作る材料や石斧の原石。そして接着剤であるアスファルトの塊。

夢枕　あの世でもちゃんと生きていけるように道具の材料を持たせているわけですね。釣りバリが折れたらアスファルトでつなぎなよって（笑）。

岡村　副葬品＝装飾品というイメージが持たれやすいのですが、族長やシャーマンのような特別な立場ではない普通の縄文人の場合、こういう実用品、しかも材料を一緒に埋めているのですよ。

夢枕　男女では出土するものが違うのですか。

岡村　黒曜石や石斧の原石、鏃や石斧の多くは男です。女の人の場合は、貝殻製の腕輪、櫛、耳飾り、石皿やすり石が出てきます。葬送用のミニチュアではなく、実際に使っていたものです。墓標のように墓の一方に石皿が置かれ、もう一方に石棒が立てられていることもあります。この場合は男女の和合や再生の意味合いでしょう。生命の循環に対する強い願いも感じることができます。

ストーンサークルの下の墓穴

夢枕　ところでストーンサークルは、今はどのようなものだったと解釈されていますか。

岡村　配石墓群を環状に並べ、中心近くに日時計状に石を配置した何らかの記念物ですが、墓を中心にした祭祀の場だったと思います。丸く放射状に石を配列し、真ん中にひときわシンボリックな石をドーンと立てている日時計状などの石組みは、女陰に陰茎を刺した状態、つまり男女の和合だと見ています。

夢枕　古代の時計ではないかなんていう説を聞くこともあるけれど、僕はそれはないと思いますね。そもそも縄文時代は時を刻むという概念そのものがなかったでしょう。太陽の位置をそのまま見れば、今が一日の中のこれくらいで、あとどれくらいで日が暮れるかがわかっていたはずだから。では、何かというと、やはり宗教的な何かをシンボライズしたものだろうと思いますね。

岡村　日時計説を支持する人は現在の考古学者の中にはいません。夏至や冬至などの観察

縄文時代後期に作られた大湯(おおゆ)ストーンサークル。中心は墓地。
(写真提供／鹿角市教育委員会)

に関係しているという説はありますが、それについては、数年前から若い研究者たちが、ストーンサークルは集落の中央に設けられた墓地であり、周囲の掘っ立て柱建物群は住居だろうといっています。骨は溶けて出土しませんが、配置された石の下には墓穴も掘られています。

夢枕　僕は太陽とは多少、関係があるかもしれないと思いますが、観察施設説というのは信じません。マヤ文明の遺跡などにもそういった話はあるけれど、縄文時代の人が見た夏至の角度と現在の夏至の角度は違うはずです。北極星だって厳密には現在の位置ではない。

岡村　天体を観察し祭祀をするという説は、ありそうですし、面白いですからね。

夢枕　縄文の集落の中では、墓地というのはセンター的な場なんですか。

岡村　そうです。墓地を中心にして日々の生活を送る。先祖や亡くなった人たちを含む神々に守ってもらう。そのために集落の真ん中に置く。縄文人にとっては祭祀自体が日常生活の中心なのでしょう。

夢枕　どの時代からかはわかりませんが、墓地は集落の端に追いやられていますね。神聖な供養の場であることには変わりがないけれど、穢《けが》れた空間というイメージもつきまとう。縄文時代は違うんですね。

岡村　じつは、共同墓地のありようが大きく変わったのは縄文時代後期後半からです。葬送やもの送りを、日常生活から離れた場所で、より祭祀的に、特化して行うようになったのだと思います。幸せな縄文時代でも、目の前には日々死もあったわけですよ。死亡率、ことに乳幼児の死亡率が高く、常に生と死が繰り返される。そういう現実の中では、初冬に葉が落ちた木が春になると青々と芽吹くように、人の命もまた巡ってくると信じることによって救われたのかもしれない。縄文の埋葬は、ある意味で死を死として深刻に受け止めないための哲学だったのでしょう。

夢枕　僕は、死とは悲しみであり、忌むべきことであるという思いは縄文人の心の土台にもあったと思うのです。生まれたばかりの子供が死ぬ。小さな子を残して親が死ぬ。かわいがってくれた祖父や祖母が相次いで逝く。その悲しみに耐えるシステムとして、たぶん埋葬が発展していったのではないかと。幼くして死んだ子を、墓ではなく甕に入れて住居の下に埋めたりするのは、まさに再生を信じてのことですね。死の悲しみや恐怖というのは、人間、等しく持っていたはずなんですよ。

今の僕らは現代科学というものを信じてしまったので、大多数の人は死んだらおしまいで、あの世も生まれ変わりもないと思ってる。神社やお寺へ行けば手を合わせ頭《こうべ》も垂れるけれど、ほんとうは神も仏も信じちゃいないんだと。縄文時代の人たちは、生まれ変わりをはっきりと信じていた。自分自身を納得させ、悲しみや恐怖を乗り越えるために、神というある種の幻想を共有したのではないかと感じています。

岡村　神というのは、生きるためのソフトウェアだと思いますね。

夢枕　その本質は現代の宗教も同じです。死というものを安心して受け止めるためのシステムがないと、人間社会は機能しなかったと思うのです。今、世界中に存在する多くの宗教の考え方も死と再生です。キリスト教も、ユダヤ教も、人は死んだら天国へ行くといっている。イスラム教も天国があるとしている。仏教では悟りの境地として涅槃があり、人は来世、生まれ変わることができるという。人間の想像力って、そう変わるものではないはずなんですよ。縄文人も現代人も同じホモ・サピエンスであって、能力は何ひとつ変わっていない。今、私たちはさまざまな宗教の理屈を奉じているわけですけれど、神仏の存在が示している本質は変わらないと思うんですよ。枝分かれをしただけで。そのおおまかな原型はどこにあるのかといえば、やはり縄文だということを改めて確信しました。

蛇が神であった理由

岡村　縄文人の精神性を考えるときに注目したいもうひとつの要素が山です。縄文人は間違いなく山を神のような存在だと位置づけています。たとえば岩手県の御所野遺跡からは、茂谷山《もややま》という山がよく見えます。当てる字はいろいろですけれど、北海道から本州まで、モヤという地名があちこちにあるのですよ。御所野の茂谷山は基盤が花崗岩ですが、この一帯では花崗岩はそこへ行かないとありません。遺跡では、その花崗岩が竪穴住居の奥の祭壇にあたるところに、御神体のごとく置いてありました。そして集落の中央には、やはり茂谷山の花崗岩を運んできて配置した墓（配石墓）が環状に巡っています。それぞれの家の軸も茂谷山に合わせてあります。これらの事実は、山を意識していたことの証です。

夢枕　家の軸というのはどういうものですか。

岡村　竪穴住居の入り口、炉、奥の祭壇に向かうのが家の軸線です。その先に茂谷山の頂上が見える。他にも、関東や東北の縄文時代などの遺跡では、集落内に立てられた巨石を見通すと、近くの三角形の山を望めることがしばしばあります。

夢枕　それはまさに鳥居ではないですか。

岡村　そうなのです。今の神社の鳥居も山に向かっていることがありますね。御神体自体が山なのですね。

夢枕　察するところ、モヤはアイヌ語ですか。

岡村　独立した三角形などの山で、アイヌ語のモイワに通じ、山を意味するようです。

夢枕　三角の山といえば神奈備《かんなび》ですね。

岡村　奈良の三輪山などと同じですね。興味深いのは、高ければモヤとして崇められるわけではなく、形が大事なこと。一番近くにある姿のいい山がモヤになっているようです。獏さんは、三角形に託された特別な思いとはなんだと思いますか。

夢枕　いろいろな解釈があるでしょうが、僕は民俗学者の吉野裕子《ひろこ》さんたちがいわれているように、蛇を見立てたものだと思います。蛇がとぐろを巻いた姿であると。僕は蛇が円錐状にとぐろを巻いている様子は見たことがなく、覚えているとぐろといえば、もっとだらっとした状態ですが、ビジュアル化した場合、人間は蛇のとぐろをだいたいきれいな円錐で表現します。具体的にいうと弁天様の額。あの額にある渦巻きは蛇ですね。あれは宇《う》賀神《がじん》。三輪山には蛇を祀る巳さん信仰もあります。これらは全部どこかでつながっている気がしています。

岡村　宇賀神とはどのような神ですか。

夢枕　宇迦之御魂神《うかのみたまのかみ》といいまして日本にしかいない神様です。三角にとぐろを巻いた蛇身の上に、人間の顔が載っています。先ほどいった弁天様というのは、宇賀神と習合した宇賀弁財天のことです。蛇の話は、岡村さんと尖石縄文考古館と諏訪大社の上社近くにある神長官守矢史料館にご一緒したときにもさせていただきました。諏訪大社の守屋山《もりやさん》も三角のような形をしていて、蛇になぞらえられている。蛇は脱皮をするので生まれ変わっているように見えること、長い冬眠の後、再び姿を現すということからも世界的に不老不死や再生のシンボルなのです。もうひとつ、先ほど来、話に出ている生命の循環ですよね。世界各地に、いわゆるウロボロスというマークがあります。自分のしっぽをくわえて輪になった蛇です。古代エジプト、ギリシャ、北欧、北方のツングース、ネイティブアメリカン、アステカにまで見られるという、世界共通といってもよい意匠です。これの意味するところも循環であり再生だと考えられています。

岡村　尖石ではマムシの装飾がされた縄文土器を紹介しましたが、東北の縄文遺跡では、小さな壺の中から実際にマムシの骨がまとまって出てきた例がいくつかあります。壺の中にそれだけが収まった状態で貝塚から出土している。貝塚はいらなくなったものを投棄するだけの場ではなく、命を終えたものを自然に送り帰す場でもあります。これも再生の場なのです。貝塚の土器は普通は割れたものばかりですが、マムシの入った壺は割れていない。食べ滓ではありません。牙のある頭骨と脊椎骨が一式入っている。壺も壊れていないということは、マムシを通して何か特別な祈りをしたと見ていいのではないですかね。

夢枕　マムシ酒を造って、酒が蒸発した。それはないかな。やはり神奈備、あるいはウロボロスにつながるものとしていいのではないでしょうか。こういう見立ては人間共通の想像力なのかもしれませんが、シンボライズされた蛇は、ホモ・サピエンスが道具と技術を携えて移動したとき、一緒にもたらされた神話なのかもしれません。縄文以前の旧石器時代の神となると、伝奇小説でも追いきれないスケールだと思いますね。縄文の神とは何か、というのは、小説としても大きなテーマになると思っています。

あとがき　縄文小説宣言

この一〇年くらい、縄文と俳句にはまっている。このごろでは、この縄文と俳句——とくに季語とはかなり深いところでつながっているのではないかと思うようになっている。かなり興味深いテーマではあるのだが、ここではそこまで書くスペースがない。

何故、縄文なのか。

そこから始めたい。

ぼくは、世間でいうところの伝奇小説というものを、四〇年ほど書いてきて、今も書いている。

伝奇小説とは何か。

大本をたどれば、中国の唐、宋時代に書かれた怪しい小説のことで、さらに古くは志怪《しかい》小説にそのルーツがある。

『捜神記《そうじんき》』などがそれにあたるのだが、これが日本に入ってきて、つまり、今回ぼくがいうところの伝奇小説となった。

昔のことでいえば、芥川龍之介の『杜子春《とししゅん》』、半村良の『黄金伝説』『妖星伝《ようせい》』、吉川英治の『鳴門秘帖』などがそうである。異論はあるかもしれないが、だいたい、定義がきっちり決まっているわけでもない。

怪しい話ではあるが、怪談やホラーとも、ファンタジーとも違う。もっとも、その境目はあまりはっきりしていない。そのほうがおもしろくていいのだが、古典の伝承や、伝説、神話、歴史などを題材にして、史実とは異なる歴史を作りあげる。その中に、怪しい一族だの、妙な古文書などが出てきて、その謎解きなんかもある。

こういう物語を四〇年書いていたら、いつの間にか縄文にたどりついて、今はどっぷりはまっている状態である。ほんとうに、いつの間にか、こうなってしまったのだ。

そもそも、この伝奇小説というジャンルをつきつめてゆくと、最後には「日本人とは何か」、「記・紀の神話以前に、日本人が信仰していた神とは何か」という問いに、どうしてもたどりつくことになる。

ぼくにとって、それが「縄文」だったのである。

考えてみれば、ぼくのこれまでの物語作家としての四〇年は、この「縄文」にたどりつくまでの長い旅であったような気がしているのである。

当初のぼくのたくらみは、

「縄文人が信仰していた神々の神話をでっちあげること」

であった。

ギリシャにギリシャ神話があり、北欧に北欧神話があるように、日本にも〝日本神話〟――つまり「縄文神話」があってもいいのではないかと思ったのである。

これはたいへんおもしろい試みであるように思われた。

縄文時代は、およそ一万三〇〇〇年続いたといわれる。この一万三〇〇〇年の間、これだけの文化を持っていた民族が神話を持たなかったはずがない。必ず神話を持っていたはずだ。その神話を、できるだけリアルに、再現しようと考えたのである。

そのたくらみのための手口、手法も頭の中にあった。

ところが、それを考えているうちに、それでは、多少毛色の変わった異世界ファンタジーになってしまうのではないかと思い始めたのである。いや、それはそれでおもしろいのだが、もっとおもしろい手口があることに気がついてしまったのである。

それで、神話を作ることから、縄文時代の人間の旅の物語のほうへ、今、自分の興味が移ってしまったのである。

旅する縄文の翡翠運び人――「わたり」が、各地で縄文の神と出会う物語。

もうひとつ、書いておけば、今、ぼくは「縄文」を裏テーマとした物語を二本、書いている。

それは『SFマガジン』(早川書房)で連載中の「小角《おづぬ》の城」と、『読楽』(徳間書店)で連載中の「闇狩り師・魔多羅神」である。

いずれも一五年以上連載しているもので、書いているうちに、縄文色がどんどん濃くなってきてしまった物語である。

まことに個人的な事情の話ではあるのだが、ぼくにとってはこのような時期に、「縄文探検隊」が組織されたのである。

雑誌『kotoba』での連載時から対談の構成を担当した隊員のかくまつとむさんは、アウトドア――野遊びから縄文にたどりついた。

我われが今やっているアウトドアというのは、ようするにみんな縄文人がやっていたことではないかと、かくまさんは言った。

さらに、日本人の大好きな鍋料理があるが――

「鍋は縄文である」

こういうこともかくまさんは言った。

これは、そのまま本書につながる企画になってしまった。

いうなれば、岡村道雄さんは隊長で、ぼくとかくまさんが、縄文の現場へ岡村さんをひっぱっていって、頭の中で思いついたことを、あれこれハードルを設けず質問するという形式でこの連載は始められた。

楽しい旅であった。

ぼくにとっては、新しい発見や、多くの刺激をもらった連載となった。

ぼくも、かくまさんも、縄文の専門家ではなく、時にはとんちんかんな質問もあったと思うが、あきれることなくいろいろと答えてくれた岡村さんには、ここで深く感謝の意を表したい。

我われは、実によいトリオであったと思う。

今年に入って、縄文小説と、これと対になる俳句小説を書き出す場所が決まった。いずれも二〇一九年のどこかで、スタートすることになるであろうと思う。
この現代、いろいろ便利になってきてはいるが、どうもその便利があやしい。
お金という神サマに洗脳され、お金一神教になりつつある。
いろいろな神サマがいていいのだ。
他人の信仰する神サマを尊重するのがいい。
はっきり書いておきたい。
「現代には縄文が足りない」
これは、我われ三人の共通した思いではないか。

二〇一八年　小田原にて――夢枕　獏

本書は、集英社クオータリー『ｋｏｔｏｂａ』二〇一六年夏号から四回にわたって連載されたものに大幅に加筆・修正したものです。

編集協力　かくまつとむ（アウトドアライター）

写真・画像　アマナイメージズ、石井礼子、糸魚川市教育委員会、かくまつとむ、鹿角市教育委員会、共同通信社、国立歴史民俗博物館、御所野縄文博物館、是川縄文館、鈴木三男、茅野市尖石縄文考古館、長者ケ原考古館、十日町市博物館、真脇遺跡縄文館、吉川純子

図版制作　タナカデザイン

夢枕 獏《ゆめまくら ばく》

小説家。一九五一年、神奈川県生まれ。東海大学文学部日本文学科卒業。七七年作家デビュー。以後、『キマイラ』『サイコダイバー』『闇狩り師』『陰陽師』などの人気シリーズ作品を発表。受賞歴多数。

岡村道雄《おかむら みちお》

考古学者。一九四八年、新潟県生まれ。奥松島縄文村歴史資料館名誉館長、奈良文化財研究所名誉研究員。東北大学大学院史学専攻修了。宮城県東北歴史資料館、文化庁、奈良文化財研究所などで勤務。

インターナショナル新書〇三一

縄文《じょうもん》探検隊《たんけんたい》の記録《きろく》

二〇一八年一二月一二日　第一刷発行

著者　夢枕《ゆめまくら》 獏《ばく》／岡村道雄《おかむらみちお》

発行者　椛島良介

発行所　株式会社 集英社インターナショナル

〒一〇一-〇〇六四 東京都千代田区神田猿楽町一-五-一八

電話 〇三-五二一一-二六三〇

発売所　株式会社 集英社

〒一〇一-八〇五〇 東京都千代田区一ツ橋二-五-一〇

電話 〇三-三二三〇-六〇八〇（読者係）

〇三-三二三〇-六三九三（販売部）書店専用

装幀　アルビレオ

印刷所　大日本印刷株式会社

製本所　加藤製本株式会社

インターナショナル新書

027
驚くべきCIAの世論操作
ニウコス・スカウ
伊藤 真＝訳

自らの非合法行為を隠蔽し、それを暴こうとする記者を陥れる！　ハリウッドにも影響力をもつCIAのメディア操作の実態を暴く。望月衣塑子氏推薦！

028
ヌードがわかれば美術がわかる
布施英利

ヌードの彫刻が男性像だけだった古代ギリシアで突然、女性のヌード像が登場した。以来、美術の一大テーマとなったヌードの魅力と鑑賞のポイントを紹介。

029
消えたフェルメール
朽木ゆり子

一九九〇年に盗まれて以来、姿を消したフェルメールの〈合奏〉。他のフェルメール作品盗難事件の分析や、FBIの最新調査情報から事件の新事実に迫る。

030
全国マン・チン分布考
松本 修

空前絶後の女陰・男根語大研究！　方言分布図を言語地理学で丹念に辿り、膨大な史料にあたると、既存の語源説が覆り、驚くべき結論に。阿川佐和子氏推薦。

031
その診断を疑え！
池谷敏郎

総合内科専門医・池谷敏郎が病院＆医師選びのポイントを徹底指南！　頭痛や腰痛、白血病からがんまで、あなたの身体の不安を解決します。